农业生产"三品一标"典型案例

农业农村部发展规划司
农业农村部规划设计研究院　编

中国农业出版社
北　京

编辑委员会

前 言

推进农业品种培优、品质提升、品牌打造和标准化生产（简称"农业生产'三品一标'"）是促进农业高质量发展的重要举措，是推动农业发展全面绿色转型的重要抓手。为深入贯彻习近平总书记关于推进农业生产"三品一标"的重要指示精神，落实党中央、国务院决策部署，2021年农业农村部启动实施农业生产"三品一标"提升行动。各地以绿色化、优质化、特色化、品牌化为主攻方向，加强统筹协调，健全工作机制，强化措施落实，推进农业生产"三品一标"工作取得积极进展。为选树典型、推介经验，全方位扩大农业生产"三品一标"的影响力，农业农村部遴选总结了40个各地推进农业生产"三品一标"的典型案例。

这些案例各具特色，各有侧重，从不同角度展现推进农业生产"三品一标"、促进农业高质量发展的实践路径。**一是以品种培优带动产业升级。**如北京市平谷区、福建省光泽县2个案例，注重突破现代化育种技术难题，开展联合攻关，构建品种培优体系，在培育具有自主知识产权新品种上取得突破，有力带动了产业转型升级。**二是以品质提升推进优质优价。**如山东省莒南县、浙江省安吉县2个案例，注重提升产地环境治理水平，构建绿色生产技术模式，创新全过程质量管控体系，全面提升农产品品质。**三是以品牌打造提升质量效益。**如上海市崇明区、江苏省射阳县2个案例，注重农业品牌体系建设，强化品牌文化赋能，不断提升农业品牌竞争力和影响力，带动农业质量效益整体提升。**四是以标准化生产引领绿色转型。**如广东省鼎湖区、河南省杞县2个案例，完善农业标准体系，建立标准化生产基地，强化标准宣贯，着力提升农业全产业链标准化水平，基本实现全域全品种按标生产，有力推动了农业发展绿色转型。

这些案例可复制、易推广，对各地深入推进农业生产"三品一标"具有很好的示范带动作用。各地要因地制宜，创新方法，以更大的力度、精准的措施，持续提升农业生产"三品一标"水平，为全面推进乡村振兴、加快建设农业强国提供有力支撑。

编　者

2023年9月

目 录

CONTENTS

集聚科技资源 培优"京"系列蛋鸡新品种

平谷区位于北京市东北部，是传统蛋鸡优良产地。全区存栏祖代种鸡40万套、父母代种鸡500万套、年产商品代雏鸡4亿只。近年来，平谷区围绕蛋鸡品种培优，建立联合育种机制，推广家禽育种管理系统，建强良种繁育基地，开展"卡脖子"技术联合攻关，培育出5个"京"系列蛋鸡品种，国内市场占有率达52.8%，实现蛋鸡产业现代化升级。

一、建立联合育种机制，凝聚创新工作合力

构建"种业创新联合体"。联合中国农业大学、北京科技大学、北京生物等高校院所及种业龙头企业，构建"种业创新联合体"，探索形成政府主导、企业主体、科研支撑的"金三角"育种攻关机制。**组建研发团队**。成立家禽研究院，组建由5名正高级、21名副高级人员领衔，包含6名博士、50名硕士和500余名本科生在内的高素质研发团队。先后承担国家级项目19项、北京市级项目51项。**创新育种模式**。建立校企联合育种模式，推动种业龙头企业利用中国农业大学开发的全基因组重测序技术，在11号染色体上成功鉴定羽色基因新突变，高效选育纯合新品系，推动技术专利成果转化应用。

二、打造种业"中国芯"，全面提升育种效率

创新选育技术。创新发现特异性羽速基因位点，提升雏鸡羽速自别准确性。率先建立蛋鸡基因组选择技术体系，利用全基因组重测序技术，自主鉴定到白来航品系红羽基因突变位点，实现从表型选择、分子标记辅助选择到基因组选择的持续飞跃，开创国内蛋鸡100周龄育种先河。**开发管理系统**。推动开发集数据自动采集、实时储存、智能分析等于一体的家禽育种管理系统，以20个品系、7万只纯系种质资源为根本，培育蛋色、蛋重、羽色全覆盖的多元化品种，将种业"中国芯"牢牢掌握在自己手中。**加快品种培育**。联合中国农业大学自主研发我国第一款具有自主知识产权的蛋鸡专用SNP芯片"凤芯壹号"，实现国产蛋鸡专用芯片研发零的突破。

三、选育先进优良品种，稳步提高综合效益

建强良种繁育基地。建设1个蛋鸡核心育种场和1个蛋鸡延养场，其中的蛋鸡核心育种场入选首批国家级蛋鸡核心育种场。**培育特色品种**。自主培育京粉8号特殊羽色品种，即将经国家审定。与同类产品相比，每只蛋鸡可多产蛋100枚，每斤蛋高于市场价格1元，每只淘汰蛋鸡可多卖6元，中试期间得到养殖户的广泛认可。**加强良种推广**。京红1号经过13年不断迭代更新，累计推广42亿多只。京粉6号终端父本品系中超过62%的个体实现100周产500蛋育种目标，累计推广规模近2亿只，已成为规模化养殖场的首选品种。

四、开启蛋鸡智慧服务，有效带动农民增收

强化数字赋能。创建线上线下一体化智慧服务新业态，提高农民养殖效

率和收益。线上打造智慧蛋鸡综合服务平台，通过"汇资讯、会养鸡、惠交易"，为养殖户提供最需要的信息、技术、培训和交易服务，一站式解决蛋鸡产业各环节的痛点和难点。**创新营销方式**。全国建成近1000家流动蛋鸡超市，提供饲料采购、鸡群免疫、抗体监测等技术服务，解决农民"最后一公里"服务问题，"京"系列品种市场占有率稳步提升。**促进联农带农**。"京"系列蛋鸡适应性强、成活率高、产蛋多、鸡蛋商品化率高、耗料少等优势突出，每只鸡全程产蛋比其他品种重1～1.5千克，每只鸡多增收7元以上，5个品种累计推广60亿只，每年为社会创造数十亿元经济效益，带动数十万农户增收。

天津市静海区
深挖"福"文化底蕴　台头西瓜焕新颜

　　静海区位于天津西南部、北京东南部，素有"津南门户"之称，台头镇更是"京沪走廊"重镇，是天津连接雄安新区的重要桥梁，西瓜种植历史悠久。"台头西瓜"是国家地理标志农产品，常年种植面积达2万亩以上，产量7万吨左右。近年来，静海区政府围绕"台头西瓜"品牌建设，深挖西瓜种植历史，采取科技创新支撑、强化质量安全监管、加大营销宣传措施等方式，推动品牌效能进一步提升，促进产业振兴。

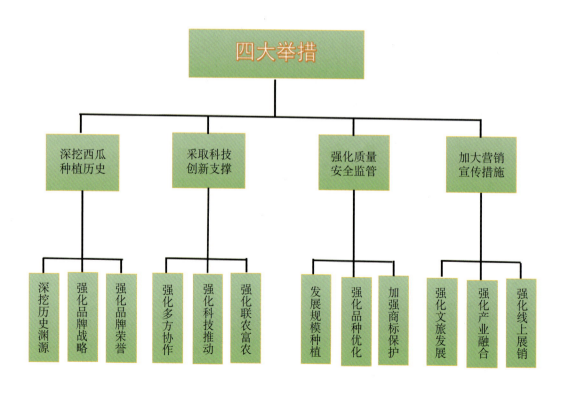

一、以历史典故为引线，深挖内涵育品牌

强化文化赋能。充分挖掘乾隆皇帝钦点"台头西瓜"为宫廷贡品、赐"福"字的历史故事，着力打造"弘历福""津静绿源""甜天下"这3家"津农精品"品牌。**强化品牌战略。**坚持品牌兴农、品牌强农，成功申报"台头西瓜"为地理标志产品，成立"台头西瓜协会"，强化标志管理，协会内授权种植主体超100家，"台头西瓜"地理标志使用价值得到有效提升。**强化品牌荣誉。**大力开展基地内绿色、有机认证。截至目前，"台头西瓜"种植基地获各类认证20余项，多次在"北京大兴西瓜节"获奖。

二、以科研合作为契机，科技创新强品牌

强化数字赋能。加强与高校、科研院所合作，成立智能农业研究院科技平台，做大做强农业数字经济，实现全镇西瓜生产的数字化、智能化、信息化和装备化。**强化技术升级。**创新"甲醇热风炉"增温增效技术装备，开发质量高、成本低、效果好、可复制、能推广的新型科技温室，促进西瓜提前上市、提升价值。**强化技术指导。**组建"台头西瓜"强镇富农产业联盟，构建西瓜产业技术创新体系，指导育苗基地通过合作育苗、合作开发、委托育种等方式，加快"台头西瓜"种植实用技术推广应用。

三、以规模基地为重点，强化监管护品牌

加强种植监管。推行西瓜标准化种植技术，严格落实过程管理制度，强化农药、肥料等农业投入品使用管理，严把产地关口，建设一批西瓜绿色种植万亩示范区，年产绿色优质西瓜7万吨。**加强品种监管**。支持西甜瓜良种繁育大户建设西瓜育苗基地，通过技术指导、

良种补贴、田间巡查等方式，持续加强麒麟、美都等主推优良品种繁育，每年繁育优良种苗100万株，满足镇域用苗需求，保障"台头西瓜"品种优良度。**加强质量监管**。健全西瓜质量安全检测体系，建设西瓜质量追溯管理平台，推动西瓜带标上市。建立西甜瓜种植生产收购管理体系，加强质量安全监测监督，避免质量不合格西瓜流入市场。

四、以产销对接为载体，营销宣传推品牌

举办节庆活动推介。定期举办西瓜文化交流会、擂台赛，宣传"乾隆献瓜"的典故，彰显台头镇西瓜之乡、文化之乡的风采，成功举办八届台头西瓜文化旅游节，实现农企订单、行业交流、商贸洽谈等，不断提升"台头西瓜"知名度和文化价值。**搭建产业平台推介**。充分利用华润集团资源平台，引导企业与家庭农场、专业合作社对接合作，发展订单种植和单仓收储，对接华润超市、海吉星和百果园等大型零售企业，实现"农超"无缝对接。**发展线上销售推介**。采用微信小程序、抖音直播等平台，发展线上营销新模式，做到"小成本大收益"，多措并举做强台头西瓜产业，优化线下线上销售渠道，全年西瓜销售收益约2亿元。

高端定位龙头带动　做强晋州鸭梨品牌

晋州市位于河北省石家庄市东部，距省会石家庄市市区45千米，是"中国鸭梨之乡""全国梨产业十强县""中国特色农产品优势区"。果品业是晋州市优势特色主导产业，"晋州鸭梨"被认定为国家地理标志保护产品、国家地理标志证明商标及河北省区域公用品牌，是首批中欧互认地理标志保护产品之一。2022年，全市梨果面积17万亩，年产量60万吨，年出口量5万吨，年产值达14亿元，产量、出口量均位列河北省首位，面积居全省第二位。

一、强化政府引导，实施品牌战略

加强组织领导。成立鸭梨产业集群建设领导小组，制定印发《晋州市梨产业高质量发展推进方案（2021—2025年）》《晋州市梨果加工产业集群发展规划》，推动将鸭梨产业打造成为全市品牌农业的代表、标准生产的先锋、外贸出口的中坚。**强化政策支持。**出台多项政策文件，对梨果仓储设施用电实行农业用电优惠，大力扶持建基地、办企业、创品牌，对龙头企业首次获得中国质量奖、提名奖的给予奖励，有效带动相关企业积极性。**树立品牌意识。**把助推企业创建名优品牌、提高产品知名度作为各项工作的重中之重来抓，积极引导涉农企业和广大农户提高"品牌兴农"意识，转变传统生产观念，实现产品销售从"卖产品"向"卖品牌"转变。

二、突出龙头带动，壮大梨果产业

促进装备提档升级。引进国外智能化选果生产线，建成国内首家现代农业鲜梨智选中心，实现鲜梨重量、外观、糖度、内部病害四维智能化分级筛选，填补了国内鲜梨智能化分选的空白。支持龙头企业建设国际领先的果蔬罐头全自动化生产线，年生产能力达5万吨。**促进产业链条延伸**。依托龙头企业，建成国内一流的梨果精深加工科创中心，引进智能化精深加工设备，发展梨干、梨茶、梨营养粥等健康、速食深加工产品，实现梨果加工增值20倍，有效拉长产业链条。**促进带动能力提升**。培育农业产业化龙头企业32家，包括国家级3家、省级以上14家、市级以上30家。发展省级农业产业化联合体7家、市级6家，产业化联合体营业收入达到43.1亿元，带动精品梨果生产基地10万亩，涉及梨农5万多户，带动梨农年增收总额达到1.2亿元。

三、强化科技支撑，培育技术人才

组建技术团队。与河北农业大学、省农林科学院等梨果专家团队签订服务协议，共建省级梨果科技创新驿站等科技服务平台，为晋州鸭梨产业高质

量发展提供全方位技术支撑。**健全人才体系**。完善市、乡（镇）、重点村三级技术服务中心服务网络，落实农技人员400余名，实现乡（镇）和重点村专职技术人员全覆盖，助力梨果产业做大做强。**加强技术培训**。结合高素质农民培育计划，每年召开各类培训100余期，举办电视讲座5期，外出参观学习10余次，多种形式提高梨农技术水平，将3万多农民培育打造成为梨果产业发展主力军。

四、加强宣传推介，提升品牌形象

加大宣传力度。通过人民日报海外网、河北新闻网等媒体和微信、抖音、快手等自媒体，大力宣传"晋州鸭梨"公用品牌，不断提高品牌知名度和影响力。**举办展会活动**。坚持每年组织企业参加德国柏林国际果蔬展、香港亚洲水果展、上海亚果会等国内外大型专业展会，举办专场推介会，芙润仕、碧蓉、巨熊、魏征等鸭梨品牌已成为国内外知名产品品牌。**拓展销售渠道**。全市每年出口美国、加拿大、澳大利亚、欧盟优质梨果3万吨，占据国内同类产品出口量的35%，2022年出口创汇6000万美元。积极拓展京东、盒马等国内高端市场份额，每年供货京东自营梨果0.6万吨，占京东年经营量的60%。

河北省秦皇岛市昌黎县
科学建标全程用标　打造美酒葡萄黄金产地

昌黎县位于河北省东北部，是久负盛名的干红葡萄酒之乡，是中国第一瓶干红葡萄酒的诞生地。2002年8月，"昌黎葡萄"成为全国葡萄行业第一个国家地理标志保护产品，全县拥有优质酿酒葡萄示范基地2万亩，酒葡萄年产量3.5万吨，有葡萄酿酒企业28家。近年来，昌黎县不断优化葡萄酒产业布局，延长产业链，发展酿酒葡萄种植、葡萄酒酿造、休闲、康养等葡萄酒产业集群，产业效益显著提高，年产葡萄酒14万吨，总产值达36.6亿元。

一、突出品种培优，夯实产业基础

推动种质资源保护。制定《昌黎葡萄原产地域保护管理办法》，统筹整合项目资金，大力推动科研院所与企业联合，开展种质资源普查和保护，支持企业建设酒葡萄种质资源圃，收集保存酒葡萄特色品种资源200余份。**推进优良品种繁育**。建立河北省葡萄酒产业技术研究院，支持华夏长城、朗格斯、茅台、金士、地王等重点企业，在提升赤霞珠等主栽品种品质的基础上，研发小白玫瑰、马瑟兰、小味尔多、西拉等新产品，丰富了产品结构，破解了同质化难题。**加强品种创新攻关**。与驻地科研院校合作，对碣石山产区地质、土壤、气候等指标进行研究分析，巩固放大产区自然资源优势，着力培育培优特种苗木，支持龙灏、夏都等酒庄酒企错位发展，丰富白兰地、桃红等特色酒种。

二、突出科技支撑，提升服务能力

加强校地合作。成立省级昌黎葡萄酒技术研发中心，建立地王葡萄酒研发中心，引进西北农林科技大学葡萄酒学院与相关企业设立院士工作站，加强校企合作，定期组织各项活动，提高企业产品研发水平。**加强队伍建设**。建立县、乡、村三级技术服务网络，培育酿酒葡萄栽培技术研究与推广技术人员429名，其中，中高级职称51名，国家级评酒委员26名，品酒师、酿酒师60人。**加强技术指导**。引进马瑟兰、西拉等新优品种，开展赤霞珠优良酿酒品种提纯复壮技术指导，指导基地农户提高管理水平，全链制定昌黎葡萄酒生产酿造相关技术标准，提高标准化生产水平。

三、突出机制创新，打造知名品牌

完善品牌培育机制。建立政府、企业"双向协同"品牌创建机制，强化区域品牌、产品品牌、企业名优品牌联创，注册商标330个，培育葡萄产品企业品牌27个，打造区域公用品牌1个。**健全品牌营销机制**。大力推行"电商+微商+经销商""网络平台+超市+专直销店"等"线上+线下"双线组合模式，不断拓展特色农

产品品牌知名度，昌黎葡萄酒已销往20多个国家与地区和全国各大中城市。**加强品牌监管保护**。制定《昌黎葡萄原产地域保护管理办法》，建立品牌使用失信惩戒机制，健全优质农产品品牌使用、授权、审核、评价、登记、注册等制度，严厉打击假冒品牌违法行为，依法维护生产者和消费者合法权益。

四、突出过程管控，促进品质提升

　　推动按标生产。先后制定葡萄生产技术、苗木繁育、果品质量等标准，制定酿酒葡萄绿色、有机生产地方标准6个，建成酿酒葡萄标准化生产基地2万亩，标准化生产示范基地8个，加工、储运、冷链物流等标准化生产管理示范企业28个。**强化产品认证**。加强绿色食品、有机农产品认证奖补，推动全县酿酒葡萄绿色认证0.5万亩、有机认证0.4万亩，占全县酿酒葡萄种植面积的45%。**加强质量监管**。健全产品质量追溯制度、应急处置机制、购销台账等制度，建立农业投入品监管信息平台，加强葡萄产品安全执法监管，推动实现葡萄酒质量安全顺向可追踪、逆向可溯源、风险可管控、问题产品原因可查清。

抓标准　提品质　创品牌　小黄花做成大产业

　　大同市云州区位于山西省北部，大同盆地东北边缘，是全国黄花主产区之一，享有"黄花之乡"的盛名，先后荣获中国百强农产品区域公用品牌、国家级出口黄花质量安全示范区、国家农产品质量安全县、国家黄花种植与加工标准化示范区等。2020年，习近平总书记视察云州区唐家堡村有机黄花标准化种植基地，作出"希望把黄花产业保护好发展好，做成大产业，做成全国知名品牌，让黄花成为乡亲们的致富花"的重要指示，区委、区政府制定一系列保护发展黄花产业的政策措施，从全产业链予以大力扶持。2022年，全区黄花种植面积发展至17.02万亩，全产业链总产值17.5亿元。

一、以专项行动、政策推动全面落实"三品一标"工作

　　强化组织领导。由区委书记、区长任双组长，成立由农办牵头、部门单位和乡镇共同参与的工作专班，全面推进种苗提升、标准体系建设、绿色高效生产、科技创新研发等专项行动，加快建设国家级产业园区。**加强政策支持**。研究制定《云州区2022年推进黄花产业高质量发展实施方案》等政策文件，出台黄花绿色有机标准化种植基地建设、黄花保险等补贴政策，大力实施黄花产业基础建设项目。**建立督查机制**。区委督查委员会成立督察组，对黄花产业发展重点工作开展专项督查，实行月调度、季总结、年考核，确保各项工作落到实处、取得实效。

二、以项目带动、校企互动推进黄花品种培优

建立良种研发团队。与山西农业大学高寒作物研究所合作，实施黄花优质品种提升项目，建立项目基地，成立博士工作站，开展早熟黄花优良品种脱毒苗试验。**加强产学研深度融合。**与上海应用技术大学、山西农业大学、大同大学等，合作建立500亩黄花种质资源

圃，引进栽植400个黄花品种，开展不同黄花品种的适应性研究，筛选推广优质品种，改良种植方法。**推广优质高产品种。**加强技术指导服务，引导农户选用无病害、苗壮蕾大、抗逆性强、产量高的种苗，逐步淘汰不适宜本地栽植的品种。

三、以产地净化、质量管控推进黄花品质提升

加强产地环境治理。大力开展产地环境治理，严厉打击违法排放和土壤污染行为，桑干河、御河等河流水库及地下水资源水体洁净无污染。2022年，云州区黄花协会采集14个土壤样本进行检测，未发现土壤污染问题。**强化质量安全检测**。投资150万元建设区级农产品综检中心，乡镇质量检测室实现全覆盖，定期开展质量安全检测，黄花鲜菜、干菜样本未发现农药、重金属、污染物残留。**制定质量规范标准**。制定《大同黄花生产技术规程》《大同黄花栽培技术规程》《大同黄花干制品质量分级标准》等标准，逐步健全黄花种植管理、产品加工标准体系，大力推广黄花菜绿色食品生产技术，每亩补贴350元，建设1.2万亩绿色有机黄花标准化种植基地，聘请首席专家、组建农技服务队、选派农业科技特派员，指导推动黄花标准化生产。

四、以科学路径、市场化宣传打造优质品牌

持续推进品牌建设。加强科技创新和产品研发，提升现有主打产品质量和包装推广水平，依托"大同黄花"母品牌，初步打造出"萱工坊"黄花干菜、"坊城花"黄花酱、"火山鲜"速冻黄花、"大威皇"黄花饼等叫得响的黄花拳头产品和品牌。**加大媒体宣传力度**。在中央和省级媒体投放广告，与百胜中国、山西数播科技、燕之坊等开展合作宣传，邀请影视明星和网红主播代言带货，通过互联网和短视频平台开展矩阵式宣传，"大同黄花"品牌知名度、美誉度进一步提升。**开展专题活动推介**。连续多年组织参加农产品、消费品博览会并开展专场推介活动，"大同黄花"丰收月活动入选全国100个丰收节庆特色活动，"大同黄花"入选全国农业品牌创新发展典型案例和农业品牌精品培育计划名单，获评国家地理标志运用促进工程优秀项目。

内蒙古自治区兴安盟科尔沁右翼中旗
改良品种提品质 草原"牛"旗更牛气

　　科尔沁右翼中旗地处科尔沁草原腹地，是世界公认的"黄金牧场""黄金肉牛带""黄金玉米带"，作为全区33个牧业旗之一，养牛历史悠久，产业基础扎实。目前，全旗肉牛存栏46.34万头，拥有养殖户3万户，养殖合作社300余家。获批国家现代农业产业园、自治区级现代农牧业产业园、科尔沁肉牛特色优势产业集群、全国肉牛全产业链典型旗县等。近年来，科尔沁右翼中旗按照"吃生态饭、做牛文章、念文旅经"战略定位，加快发展肉牛产业，推动肉牛产业规模化、集约化水平有效提升。

一、聚焦品种改良，强化科技服务机制

　　搭建核心种群。引进农业产业化龙头企业，投入资金8600余万元，引进种公牛289头，核心种牛母牛场存栏母牛214头，品种涵盖西门塔尔、夏洛莱、安格斯、利木赞、海福特、荷斯坦牛等，年可生产优质冻精370余剂。**组建科研团队。**与中国农业科学院北京畜牧兽医研究所、内蒙古农业科学院畜牧兽医研究所、吉林大学、内蒙古农业大学、东北农业大学长期合作，成立拥有国际先进冻精生产设备和专业的技术服务团队。**强化技术指导。**采取"小规模、大集体"经营模式，依托农业产业化龙头企业定期委派专业技术服务人员，帮助农牧民掌握科学繁改方法、建立肉牛改良台账。承办农牧民专业技术培训班30期，通过资格考核学员550余人次，农牧民专业改良技术得到有效提升。

二、聚焦规模养殖，打造优质畜产品输出地

　　实施"数量倍增"工程。着力于繁育、改良、育肥等肉牛产业关键环节，启动实施"数量倍增"工程。截至2022年6月，全旗大小畜存栏231.82万头，能繁殖母畜存栏144.8万头。**建设规模养殖基地。**依托农业产业化龙头企业，筹建现代牧业5万头规模化育肥基地，新建和改造牛舍、青贮窖、饲料加工车间等基础设施，提高全旗肉牛规模化、标准化养殖水平。**强化肉牛品质改良。**连续2年为肉牛养殖户免费提供人工改良所需冻精，累计提供优质肉牛冻精16万支。加强人工授精技术员培训力度，累计培训改良员500余名，免费发放改良所需设备及液氮罐和改良器材200份，基本实现全旗12个苏木（镇）公牛全冷配工作全覆盖，全旗牲畜改良数达到20万头，良种改良率达到98%。

三、聚焦产业发展，全链谱写"牛文章"

　　构建市场流通体系。启动鸿安现代肉牛交易中心寄养区建设项目，支持配套设施改造提升，提高信息化服务水平，实现网上物流配送、电子结算等市场交易环节"一站式"服务，累计交易量达228.6万头，总交易额达52.2亿元。**构建加工转化体系**。投资2亿元建设肉牛、肉羊屠宰加工项目，积极申请专项债券建设冷链物流基础设施，补齐肉牛产业精深加工、冷链物流短板，促进"运活畜"向"运鲜肉"转变。**促进三产融合发展**。推进"一产往后延、二产两头连、三产走高端"，探索完善"龙头企业＋合作社＋家庭农场＋基地＋农户"合作共赢模式，推进肉牛"饲养—屠宰—加工—销售"一体化发展，打造现代农牧业全产业链绿色发展典范样板。

辽宁省大连市金普新区
强科技　提品质　大樱桃产业提档升级

　　金普新区位于辽东半岛南部、大连市中南部，是中国大樱桃之乡，素有"古城春果第一枝，金州樱桃甲天下"的美誉。大樱桃种植面积达14.8万亩，年产量达14万余吨，产值超40亿元。近年来，金普新区通过强化政策扶持、科技支撑、主体培育、社会化服务、质量监管等措施，扎实推进大樱桃品种培优、品质提升、品牌打造和标准化生产，成为大连市大樱桃产业发展的主力军和领头羊。

一、建立政策协同机制，推进高质发展

　　强化政策扶持。出台《大连金普新区扶持都市现代农业发展的实施方案》，引导金普新区技术服务部门和经营主体开展大樱桃新品种引进研发、品牌培育、示范引导、标准化生产、仓储物流等项目建设，年均为大樱桃产业发展投入财政资金近亿元。**加强基础建设**。大力开展水、电、路等配套建设，累计完成大樱桃基地作业道路硬化5.5万延米，温室大棚和防雨棚面积达到5.9万亩，大樱桃生产基地基础设施实现全覆盖。**打造智慧平台**。创建大连大樱桃科技创新示范园、觅视科技大樱桃可视果园、圆艺园樱桃专业合作社等一批智慧农业示范基地，启动金普新区智慧农业云平台建设，积极打造县（区）级农业数字智慧化综合管理应用平台。

二、建立技术协同机制，推进品种培优

推动院地合作。与中国园艺学会樱桃分会、沈阳农业大学、大连农科院、辽宁省果树科学研究所等科研院所建立长期合作关系，协同开展品种培育研发。成立大樱桃产业发展服务专班，60余名专业技术人员为樱桃品种选育提供科技支撑。**推动技术创新**。成立金普新区大樱桃科研创新平台，支持农业技术服务部门和新型农业经营主体开展大樱桃新品种选育、绿色生产技术研发，应用空气温湿度采集、智能放风控制、智能水肥控制等10多项信息化技术。**推动品种优化**。出台大樱桃品种扶持政策，先后引进俄八、冰库、美国红、雷吉娜、科迪亚等多个市场认知度高的新品种。以产业化龙头企业为牵引，带动推广组培育苗技术，实现年育各类大樱桃种苗200万株。

三、建立监管协同机制，推进品质提升

推广绿色技术。积极开展大樱桃绿色高质高效行动，集成3套绿色高效技术模式和4项绿色高效关键技术，实现"全环节"绿色高效技术集成。**加强质量监管**。积极创建国家农产品质量安全县，开展农产品质量安全抽检，坚决杜绝劣质大樱桃入市，2022年开展大樱桃专项抽检23批次、绿色食品抽检16批次，合格率均为100%。**强化质量追溯**。依托国家农产品质量安全追溯平台，不断完善金普新区大樱桃产品质量安全追溯体系建设，以金州大樱桃协会为试点单位，开展大樱桃质量安全追溯管理。全面推行产地准出和市场准入制度。

四、建立创牌协同机制，推进品牌打造

加强品牌推介。连续举办16届"大连大樱桃采摘直播季（大樱桃节）"，

多次举办中国大樱桃产销研专家论坛，利用电视媒体、网络等渠道开展品牌宣传，有效提升金普新区农业绿色品牌知名度和影响力。**健全营销机制**。积极实施"合作社＋企业＋基地＋农户"等销售模式，打造觅视科技"订单农业＋认领农业＋休闲农业"为一体的私域电商平台，不断拓展金普新区特色农产品品牌知名度和市场占有率。**创响知名品牌**。注册以国家地理标志为商标的"金州大樱桃"商标。积极认证绿色食品，被评为"全国百个农产品品牌""2018 中国十大樱桃品牌""2019 中国十大好吃樱桃品牌"，连续三届入选《全国名特优新农产品目录》。

五、建立创标协同机制，推进标准化生产

　　构建标准体系。积极开展全产业链标准体系制定，形成涵盖大樱桃生产、储存、品牌、销售等多个环节 16 项技术规程的标准化生产体系，并被中国园艺学会樱桃分会授予"大连金普新区甜樱桃标准化示范县"称号。**推动标准化生产**。积极开展全产业链标准推广，实施全产业链标准化生产。积极推动大樱桃产业主体培育，形成育苗、生产、加工、仓储销售一条龙标准化产业链条。**开展社会化服务**。组织金州大樱桃协会、大连丰禾精品果业集团有限公司等社会化组织开展耕种管收、大樱桃销售、新品种更新等标准化生产服务，提升全区大樱桃标准化生产水平。

吉林省白山市抚松县
多措并举提品质　做强长白山"一支参"

　　抚松县位于吉林省东南部，长白山西麓，是著名的"中国人参之乡"和"世界人参交易集散地"，先后被评为首批抚松人参中国特色农产品优势区、国家现代农业产业园（人参种业）创建单位和国家级区域性良种繁育基地（中药材）。近年来，抚松县坚持质量兴参、绿色兴参、科技兴参、品牌兴参，不断提升"抚松人参"质量效益和竞争力，形成了产业基础扎实、产业链条完整、产品品牌凸显、市场竞争力强的抚松人参优势特色产业集群。全县人参种植面积720公顷，综合产值174.46亿元，人参交易量占全国人参交易总量的80%，辐射带动周边10余万农户从事人参产业，参农人均年纯收入达3万余元。

一、以政策为指引，精准锚定产业发展方向

　　挥好政策"指挥棒"。抚松县委、县政府高度重视人参产业发展，自20世纪80年代起陆续成立人参研究所、人参产业发展中心、人参产业发展委员会等机构，形成"专业机构推动、专家队伍指导、理论与实践相结合"的发展模式。先后制定《抚松县全面振兴人参产业实施意见》《抚松县擦亮"中国参乡"品牌 打造"世界参业名城"行动方案》等多个政策性文件，为人参产业高质量发展提供政策保障。**做好规划"路线图"**。把人参产业作为历次五年发展规划的核心内容，编制《抚松县人参产业提升发展中长期规划》《吉林省抚松县国家区域性（中药材）良种繁育基地发展规划（2022—2025

年)》《抚松县落实人参产业高质量发展的工作计划》等多个发展规划,明确人参产业高质量发展方向。**描绘发展"构架表"**。成立人参高质量发展领导小组,细化27项工作内容,落实牵头部门,明确责任分工,推动一二三产业有机融合,抓好全产业链建设,确保人参产业健康发展。

二、以种业为根基,着力夯实产业发展基础

品种培优,破解瓶颈补短板。累计建设"福星"系列良种繁育基地1980亩,已培育"福星"系列人参良种4个,在培品种2个,已保藏种质资源196种、新收集60份,域内人参种植良种化率在85%以上。**标准引领,质量先行提质增效**。制定发布《"抚松人参"加工技术规程》等23项标准,有效填补国内人参标准空白。大力推广标准化种植技术,扩大精深加工规模,助推人参产业全面振兴。**科技支撑,政校联合成果显著**。与吉林农业大学搭建科研育种平台,合作共建国家作物种质资源长春观测实验站、人参新品种选育与开发国家地方联合工程中心2个国家级人参种质资源与育种科研平台,与吉林大学共建长白山资源与健康研究院,有全国10家院校、77名教授加入,荣获国家科学技术进步二等奖等60多个奖项,转化科技成果50余项。

三、以品牌为核心,奋力描绘产业发展蓝图

品牌打造,产品远销海内外。集中力量打造抚松人参区域公用品牌,累计申请人参类产品商标500余个,人参食品、饮品、药品、化妆品、保健品等五大系列600多种产品远销日本、韩国、新加坡等30多个国家和地区。**龙头带动,提高市场竞争**。培育龙头企业46家,其中10家企业通过高新技术企业认证,10家企业通过省级"专精特新"企业认证,已形成人参种植、加工、研发全产业链,以人参为主的医药健康产业得到了快速发展。**加大宣传,品牌价值凸显**。推动"抚松人参"连续入选《全国农产品名优特新目录》

入选中国农业品牌目录2019农产品区域公用品牌，品牌估值达206亿元。成功入选2022中国区域农业产业品牌影响力指数排行榜，排名第11位。

四、以监管为抓手，精心护航产业发展安全

加强监管，净化市场环境。加强对人参种植基地及销售市场监管力度，组织市场监管、农业农村等相关部门开展违禁农药检查，坚决打击违禁农药投放行为。强化市场流通监管，设立优质人参及其产品销售专区，引导形成人参及产品优质优价机制，集中打造放心精品人参市场，坚决打击假冒伪劣行为。**溯源建设，确保质量安全**。建立吉林省人参产品质量监督检验中心，加强人参质量检测，打造权威人参检测结果信息公示平台。率先开展"数字人参"可追溯体系建设，7家"抚松人参"区域公用品牌原料生产基地及17家品牌产品企业可展示监控全部接入追溯平台，实现"一品一码"数字化监管。**多措并举，推动产业发展**。搭建"互联网+"服务平台，制作人参标准化种植技术宣传科普短视频80个，在"抚松人参"公众号、快手、抖音等多家平台上发布。建设人参产业重大技术协同推广项目生产标准化示范基地750亩，绿色、有机认证基地面积达2481亩，人参优质率提升至85%。

黑龙江省齐齐哈尔市依安县
建标贯标齐发力　谱写有机食品新篇章

依安县位于黑龙江省西部，小兴安岭西南麓，松嫩平原北缘，素有"中国白鹅之乡""中国紫花油豆角之乡"等美誉，是国家重要商品粮基地县。近年来，依安县以"全域规模经营、全域生态、全域有机"为发展目标，以标准化生产为基础，建成土地规模350万亩的有机粮生产基地，初步探索了一条生产生活生态相统筹、增产增效增收相协调的产业绿色模式。

一、强化规程制定，聚焦重点建标准

健全有机生产标准体系。立足"生态县、有机粮，建设高端食材供应大厨房"的发展定位，聚焦有机产品、生产、加工、标识与管理，探索构建质量安全标准规范、标准化生产基地建设相统一的全产业链标准体系，实现主导产业、主推技术、主要品种标准全覆盖。**制定有机生产技术规程。**组织科研院所和本地专家，围绕土壤、灌溉、环境、空气等5个方面国家有机标准，制定《依安县有机农业技术手册》白皮书，研究制定大豆、玉米等14种主要作物和蔬菜的生产技术规程。**推进农业社会化服务标准化。**制定《依安县农业生产托管服务资金监管制度》《依安县农业生产托管服务组织遴选及服务规范指引》等系列文件，确保农业生产托管等社会化服务组织依标建设、按标作业、规范服务。

二、强化科技支撑，数字赋能促标准

推动产学研合作。与中国科学院、北安技术团队、北纬47公司等院所、企业开展交流合作，聘请专家教授53人，参与有机转换种植基地建设，开展全程技术指导、生产全程数字赋能、数据化农业管控全域定制，推动基地数字化、标准化、智能化转型升级。**打造数字农业平台。**整合全县数字现代化农业资源，依托中国科学院数字农业与黑土地保护项目，建立农业大数据中心，形成全区域资源管理图、全过程服务物联网、全周期产业区块链"一图、一网、一链"数字农业模式，推动标准化多领域数据融合互联。**探索减排固碳模式。**坚持把有机标准化生产作为实现生态价值转换的重要途径，通过施用有机肥、生物药剂等方式，减少普通化肥农药使用量，实现生态环境、黑土地保护、农业发展、粮食安全共赢。通过试验测算，每10万亩有机玉米种植比普通玉米种植年可减少CO_2排放6.62万吨。

三、强化全程管理，示范先行推标准

打造标准生产基地。积极争取项目10余项、资金达3.8亿元，以5个乡（镇）为核心打造生态有机先导区，建成有机转换标准化生产基地8.4万亩，力争用5年时间，示范带动有机转换标准化生产基地100万亩以上，努力打造世界面积最大的黑土有机种植基地。**强化全过程标准化管理。**聚焦农业生产的产前、产中、产后环节，探索出"一蒙、二旋、三中耕、四智能"标准化生产管理模式，优质、绿色、特色农产品供给能力不断提升，实现有机玉米净利润比普通玉米提高40%～60%，大豆净利润比普通大豆提高20%～40%的目标。

四、强化主体培育，社会服务贯标准

健全社会化服务体系。由政府引导、企业搭台，整合农机合作社、村股份经济合作社、农业公司等服务组织，大力发展订单化服务、全程化托管，打造"服务组织＋种植农户＋金融保险＋粮食银行"社会化服务模式，依安县于2021年被评为全国农业社会化服务创新试点县。**培育壮大服务主体。**推动18家农民合作社组成联合社，引进大型机械代耕主体151个，整合各类农用机械3600余台（套），开展机械化、精准化、科技化代耕托管，全程托管土地突破63万亩，机械化率达到98.1%，标准化生产实现全覆盖。**加强技术技能培训。**针对种植经营主体、乡（镇）农技站人员、机车手、村屯技术骨干等，组织开展各类培训7期1230人次，在依安电视台视频专家讲座6期，"智慧农业"App发布技术专题规范讲解16次，全面提升应用有机生产技术规范的能力水平。

"三品一标"同推进 打造都市农业新高地

上海市崇明区位于长江入海口，由崇明、长兴、横沙三岛组成，是上海重要的生态屏障，以上海五分之一的陆域面积供给了上海三分之一的绿色农产品。近年来，崇明区坚持生态优先、绿色发展，围绕"高科技、高品质、高附加值"的产业发展目标，大力实施农业生产"三品一标"提升行动，加快推进农业发展方式绿色转型，为建设世界级生态岛、都市农业新高地提供有力支撑。

一、科创引领，推动种业高质量发展

强化种质资源保护。聚焦"一只蟹、一只羊、一头猪、一朵花、一粒米"等崇明特色产业，开展种源收集与保存工作，共收集各类种质资源335份。高标准建设种源基地，开展崇明白山羊、沙乌头猪等品种的保种选育工作，群体规模保持稳定。**搭建科技攻关平台**。加强农业领域重大科技创新平台建设，建成全市唯一实体化运行的生态农业科创中心，成立全国农业科技成果转移服务中心崇明分中心等平台，与科研院所联合选育蜜梨"七夕蜜"、水稻"沪早香软1号"等新品种，形成产学研相结合、育繁推一体化发展新体系。**实施"揭榜挂帅"制度**。出台《关于加强世界级生态岛乡村振兴人才发展激励的实施方案》，采取"揭榜挂帅"方式，引入国内外知名科研机构与重量级权威团队10余个，成立由20名专家组成的农业科技服务团，依托专家智库资源，加快开展种源种业等关键核心技术攻关，大力推进全国农业科技现代化先行区共建。

二、全程监管，促进农产品品质提升

强化农业投入品管控。充分发挥供销社平台优势，依托大数据、云计算等智慧手段，实现绿色补贴农药"销售、配送、回收"一体化运营。编制粮食、蔬菜、林果等行业绿色农药推荐品种目录，制定享受政府补贴的绿色农药清单，构建绿色农药封闭式管控体系。**加强农产品安全监管。**发布全国首份农业绿色发展负面行为清单，实现农产品"互联网＋监管"全覆盖，全年农产品质量安全抽检合格率达到99％以上。开展"治违禁、控药残、促提升"专项整治，对全区蔬菜标准园、淡水鱼养殖主体的产地环境、生产记录等开展专项检查，实现重点产业、特色品种、关键环节监管全覆盖。**加大农产品认证力度。**坚持粮食类林果类"应绿尽绿"、蔬菜类全品种全茬口绿色食品认证，强化证后监管，提升绿色农产品认证质量和水平，全区种植业绿色食品认证企业339家、产品824个，认证总产量42.76万吨，绿色食品产量认证率达40％以上。

三、主体培育，塑强崇明农产品品牌

健全品牌管理体系。依托行业协会，规范品牌准入标准，推出"优农三兄弟"崇明农产品区域公共品牌统一标识，构建以"优农三兄弟"为母品牌，以"崇明+"地理标志为子品牌的多元化品牌发展管理体系。创响区域公用品牌。加快推动农业品牌培育与整合，打造崇明清水蟹、崇明大米、崇明金沙橘、崇明翠冠梨、崇明白山羊、崇明蔬菜等6大区域公共品牌，认证地理标志证明商标8件、地理标志保护产品2件、农产品地理标志4件。强化品牌宣传推介。组织崇明品牌企业参加上海新春大联展、"五五购物节"等展示展销活动，开展崇明鲜果品鉴评优活动，举办崇明清水蟹开捕节等活动，明珠湖猪肉、北湖牌大米、宝岛牌清水蟹、古宗牌羊肉等特色农产品品牌知名度日益提升。

四、规范标准，推动全链标准化生产

　　制定标准规范。制定《上海市崇明区绿色食品生产操作规程》，推动绿色食品标准化生产。围绕崇明大米、崇明清水蟹、崇明蔬菜、崇明水仙花、崇明白山羊等农产品行业标准，编制《崇明优质地产农产品行业标准汇编》，助力崇明农业优势特色产业快速发展。**建强标准基地**。以规范投入品源头管理、开展绿色食品原料基地示范点建设为重点，结合粮食绿色高质高效基地创建、水产绿色健康养殖基地创建等工作，打造22个样板示范基地（点），累计创建26.76万亩农产品绿色生产基地，农业标准化生产水平全面提升。**强化标准引领**。整建制推进粮食绿色高质高效创建示范，建成规模核心示范方58个、整建制示范乡镇2个、整建制示范村8个，辐射带动2个乡镇20万余亩水稻高质高效生产，全区农作物耕种收综合机械化率达98.17%，智能化生产面积达4万亩。

念好"提强促保"四字诀　射阳米香飘万家

射阳县是全国农业大县、超级产粮大县，位于江苏东部，全域皆平原，光照足，无霜期长，优质水资源充沛，土壤钾含量异常丰富，适宜水稻种植。近年来，射阳县加大政策投入，研发推广水稻新品种、新技术，健全稻米全产业链条，2022年"射阳大米"品牌价值评估达245亿元。

一、强化组织保障，落实政策促发展

加强组织领导。成立射阳大米产业发展工作专班，作为县委、县政府常设机构，规划、统筹、引导射阳大米产业发展，以发展优质稻米、提升品牌价值为主攻点，以技术集成创新、规模经营为重要支撑，不断提高射阳大米市场竞争力。**协会引领发展**。2001年，射阳县在全国率先成立县级大米协会。2005年，"射阳大米"取得了商标注册证，成为全国首家以地理标志名称注册的大米商标，大米协会发挥行业引领作用，持续增强行业组织化程度，不断推进射阳大米产业化进程。**强化政策扶持**。先后出台《射阳优质稻米产业

发展规划》《射阳大米产业健康发展实施意见》《关于开展射阳大米产业绿色高质高效行动的实施方案》等多个政策文件，发布《射阳县农业农村高质量发展奖补办法》，实施"政策带动+资金驱动"双力叠加，推动射阳大米保持更高层次、更高质量、更高效率、更可持续发展。

二、推广"三新"技术，培优品种提品质

筛选培优新品种。创建省稻麦产业技术体系基地，每年引进试验示范新品种10个以上。合作建设射阳大米产业研究院，创建"射阳大米"新品种"育、繁、推"一体化示范基地，筛选出鹤香粳1号、鹤香粳2号、鹤香粳3号等"射阳大米"专属香型优质稻米品种。2022年，以南粳9108为代表的优良品种种植比例在95%以上。**引进推广新技术。**创建秸秆基质块育秧栽培技术示范应用点10个，着力推进水稻机械化插秧技术、侧深施肥和绿色防控

等技术，围绕水稻机械配套、物资配套等方面瓶颈问题，扩大钵苗机插摆栽技术示范应用，实现化肥农药减量增效，水稻产量、质量双提升。**更新换代新装备**。以农业生产全程、全面机械化示范县创建为载体，利用农机购置与应用补贴、秸秆综合利用等政策，引导"无人化"农场建设，试验示范水稻生产全程智能化作业。2022年，新增联合收割机、智能监测终端设备、农业用北斗导航终端、植保无人机等设备近1000台，全县农业生产机械化转型升级步伐全面提速。

三、统一技术规程，规范管理强品质

高标准制定技术规程。先后制定《地理标志产品射阳大米》《射阳大米稻谷栽培技术规程》等标准，构建统一原料品种、统一产品标准、统一质量管理、统一品牌标识、统一依法经营的"五统一"标准化生产模式，大力推行标准化生产。**推动规模化种植**。通过技术性指导、政策性引领，不断加大土地流转力度，粮食生产规模化程度越来越高。目前，全县50亩以上规模化种植面积达75万亩，其中500亩以上规模种植户达261户、种植面积达27.42万亩。**打造绿色生态示范点**。建立有机稻、绿色水稻高效集成技术示范区5个，推进稻渔、稻虾综合种养。每年推广绿色种养循环农业面积10万亩，建成全国原料标准化（水稻）生产基地3个、面积50.3万亩，省级绿色优质（水稻）基地9个、面积72.07万亩，保障射阳大米原料供给安全、优质。

四、健全产业链条，培育品牌促品质

强化宣传推介。组建江苏射阳大米集团，大力推进射阳大米品牌建设，每年在北京、上海等地召开新闻发布会、产销对接会，举办新品品尝会、产业发展论坛，组织参加招商推介会。在全国设立600多个销售窗口，在知名电商平台开设网店12家，与3000多个连锁超市经营门店合作并向其供货，销售区域覆盖22个省份。**塑强品牌文化**。建成射阳大米文化馆，宣传射阳大米发展历程、食味特点、品牌之路、核心企业、特色基地和质量管理等，打造射阳大米文化传承主阵地。编辑出版中国地理标志农产品丛书第一卷《射阳大米》，全方位多层次讲好品牌故事，提升"射阳大米"品牌影响力。**打造全产业链条**。引进培育益海粮油、时和年丰等农业龙头企业，不断延长射阳大米产业链条，全县现有大米加工企业62家，形成年加工能力超300万吨、粮食仓储能力150万吨、年产销量100万吨的粮食产业集群，形成研发、育种、育秧、种植、仓储、加工、销售的全产业链发展格局。

五、加强溯源监管，净化市场保品质

强化商标管理。"射阳大米"获国家市场监督管理总局商标注册认证后，明确"产地""品质""质量""安全"等"射阳大米"商标申请使用要求，严格"射阳大米"商标生产、加工、销售全链条使用规范，同时，不断丰富商标内涵，先后获评江苏省著名商标、中国驰名商标，进一步增强商标知名度。**强化市场监管**。加强农业执法、市场监管等部门协同联动，采用堵源头、净窗口、市场检查、司法维权等方式，加强监管执法，坚决遏制射阳大米制假售假，近年来累计打击制假售假等侵权案件72起，有效净化射阳大米市场。**强化溯源管理**。建立射阳大米质量安全溯源平台，实行统一标识，证码合一"双码"管理，统一规范产品包装物印制标识，追溯射阳大米品牌概况、企业证照、产品检测结果、达标合格证、种植加工生产过程等信息，实现产品承诺达标合格证与企业追溯码证码合一，目前"双码"管理企业覆盖面达94.2%。

擦亮品牌提效益　大闸蟹铸成"金螃蟹"

近年来，江苏省淮安市洪泽区深入践行"绿水青山就是金山银山"理念，充分发挥湖泊众多、水质优良的生态优势，围绕大闸蟹、河蚬、青虾等特色水产品，强化创新引领，加强统筹谋划，加大政策扶持，扎实推进苗种培优、品质提升、品牌打造和标准化生产，努力绘制水产养殖业"强富美高"的发展蓝图。

一、创新体制机制，强化政策扶持

创新工作机制。成立推进水产品"三品一标"工作专班，定期召开专题部署会议，建立由沿湖县（区）政府、洪泽湖渔业管委会办公室、洪泽湖渔业协会、沿湖两市（淮安市、宿迁市）出入境检验检疫局和农业农村局参加的"五方联席会议制度"，统筹推进水产业生产"三品一标"工作。**强化政策扶持**。制定《洪泽湖绿色标准化水产养殖实施方案》《"中国·洪泽湖"生态水产品区域公用品牌创建实施方案》，整合各类资金1亿元，重点支持苗种基地建设、健康养殖技术、养殖尾水无害化处理等方面。联

合检验检疫、渔业管委会等部门制定《共同推动洪泽湖生态水产品出口合作备忘录》，推动水产品出口。**集聚产业合力**。成立"中国·洪泽湖渔业产业发展联盟"，整合政府、企业、行业、科研等各种资源，形成政府出策、企业出资、专家出智、媒体出声、渔民出力的强大合力。创新水产养殖业发展模式，健全"基地—园区—企业—养殖户"一体化发展体系，推动水产品健康生产、品质监管、品牌打造、按标生产有效衔接，带动1万多名渔民开展产业化经营。

二、找准发力支点，管出优良品质

注重渔业苗种管护。引进诺亚1号、长江1号等水产新品种，不断优化洪泽湖优质水产种类。本着苗种"优中选优"的原则，选择资质齐全、信誉良好、技术过硬的水产良种场作为苗种供应商，全过程监督苗种生产行为，适时开展苗种质量抽检，确保苗种符合标准。**加强产地环境管治**。建立健全洪泽湖水产养殖环境保护与治理制度，加强水质保护，定期抽查养殖区水质。选择环境优美、水质优良、饵料丰富的水域作为水产品生产基地，积极推行"小区化""景观化"布局。大力推广"人放天养""立体混养"生态绿色养殖模式，建成国家级出口质量安全示范区5万亩。**强化水产品质量管理**。构建"五统一"（统一生态模式、统一养殖规模、统一生产标准、统一产品认证和统一地标使用）管理体系，加强水产品质量检测，形成"药残检测""病害预报""环境监测""海关监控"四位一体的农业生产监控体系，确保流入市场的水产品质量安全监测合格率为100%。

三、创新标准制定，推动按标生产

完善标准体系。发布洪泽湖大闸蟹、河蚬增养殖技术规程两项地方标准，制定洪泽湖青虾网围增养殖技术操作规程、网围养蟹技术规程、河蚬质量标准、大闸蟹质量标准等团体标准，健全水产养殖标准体系。**增强贯标意识**。举办观摩交流会和养殖标准化培训班，大力宣传推广生态养殖标准、技术模式，引导养殖主体严格落实生产技术规程。将按标养殖水平作为生产者信用评定的重要依据，提高主体按标生产的自觉性。引导当地金融机构，对按标生产执行好的涉渔企业，在贷款时给予增信评级或增加贷款额度。**强化标准监管**。建立规模养殖主体监管名录，加强追溯管理，推动将各类养殖主体纳入追溯信息平台，完善养殖记录填报，实现生产经营记录电子化。充分发挥"五方联席会议制度"优势，渔业渔政、市场监管等部门定期开展巡查检查，监督规模养殖主体按标生产，严格落实禁限用药等规定，严厉打击违规用药行为。

四、强化宣传保护，扩大品牌影响

深挖品牌内涵。与当地传统文化相结合，制作洪泽湖渔业宣传片，全面展示绿色生态养殖模式。精心策划大闸蟹节、开捕节、蟹王蟹后争霸赛等活动,"洪泽湖大闸蟹节"入选"首届中国农民丰收节"系列活动之一。积极参加国内外大型渔博会,推动当地水产品远销日本、美国、俄罗斯等国家,不断提升"中国·洪泽湖"的品牌效应。**广泛开展宣传**。在人民日报、农民日报、学习强国等媒体,以及CCTV-7《我为品牌农产品代言》、CCTV-2《消费主张》、CCTV-4《源味中国》等栏目宣传报道"洪泽湖水产品",品牌知名度显著提升。**强化品牌保护**。出台《"中国·洪泽湖"生态水产品区域公用品牌使用管理办法》,规范品牌使用,组织市场监管、公安等部门加强品牌使用监督管理,积极维护"中国·洪泽湖"区域品牌价值。目前,洪泽湖大闸蟹出口量连续10年稳居全省之首,在全国"区域品牌百强榜"排名第37位,"洪泽湖河蚬""洪泽湖青虾"成功入选地理标志农产品。

打好品牌组合拳　一片绿叶富百姓

安吉县位于浙江省西北部，地处长三角地理中心，是"绿水青山就是金山银山"理念的诞生地、中国美丽乡村发源地和绿色发展先行地，素有"中国白茶之乡"之称。近年来，安吉县深入践行"一片叶子富了一方百姓"的绿色发展路径，着力推进安吉白茶产业发展，推动品牌全面提升，安吉白茶先后被授予中国驰名商标、中国名牌农产品等，成为年产量超2100吨、产值超32亿元的农业支柱产业。2022年，"安吉白茶"公用品牌价值达48.45亿元。

一、致力标准化，做好品牌培育

构建标准体系，推动高效发展。制定发布《地理标志产品 安吉白茶》《安吉白茶生态茶园建设标准》《安吉白茶绿色原料生产操作规程》等标准规范，编制标准手册和模式图，完善安吉白茶种植加工标准体系。**推广标准技术，完善全产业链**。积极开展农业标准化生产操作规程、标准化生产模式图或标准化简图制订和入企进社工程，大力宣传推广标准体系，积极引导龙头企业带动中小规模种植主体按标生产、按标收购、按标分级出售，安吉白茶生产标准入企进社（场）率达100%。**打造示范园区，促进扩增提质**。大力开展标准推广示范工程建设和标准化示范园（场）建设，建成安吉白茶国家级标准化示范园1个、省级标准化示范园6个。成功创建首批"全国茶叶标准化示范县"。

二、聚焦多元化，讲好品牌故事

借助多种宣传平台，扩大品牌影响力。依托国际茶日、中国国际茶叶博览会等国际平台，通过央视等媒体加大"安吉白茶"宣传力度，以"央视广告＋媒体发酵"形成流量爆点，全方位全球化展示安吉白茶品牌，每年在省级以上主流媒体宣传30余场次。**借助母品牌影响力，培育子品牌企业**。完善"母子品牌"管理体系，培育一批有基础、有文化、有规划的白茶企业子商标，支持茶叶企业争创省级农业龙头企业、省著名商标、中国驰名商标和省名牌产品等荣誉称号，为子商标企业影响力加码，累计注册商标2405件。**深挖品牌文化，增加品牌溢价力**。连续举办12届安吉白茶开采仪式，建成白茶祖、宋茗茶博园等景区，编撰《安吉白茶志》，推出采摘体验、文体休闲、影视拍摄等多形式主题精品线路2条，2022年全县休闲农业收入达22亿元，带动周边农产品销售额达5.2亿元。

三、促进规范化，维护品牌形象

加强肥药减施，打造绿色生产。推进茶园"限药""减肥"进程，推广"有机肥＋配方肥＋茶枝覆盖"等生态施肥模式，减少化肥使用量。开展茶园禁用农药全面退市工作，建设19家绿色食品茶园用药专柜，并对销售单位和生产主体实施茶园投入品登记追溯制度，从源头上保障农产品质量安全。**检管协同推进，确保品质优良。**严格执行农药安全间隔期规定，定期检查主体生产记录台账。坚持问题导向、检管结合，实行风险监测动态化和监督抽检常态化相结合，实现安吉白茶生产全生命周期全程监测、全域覆盖。**规范包装设计，维护品牌形象。**健全"安吉白茶"地理标志证明商标使用管理制度，修订完善安吉白茶包装管理办法，规范地理标志授权使用，推动企业个性化包装、农户通用版包装，全面实行"四标一码一监制"。2022年全年用码量237.7万枚。

四、开拓新局面，做强数字赋能

产业一张图，摸清产业家底。利用无人机遥感技术对全县茶园开展数字测绘图斑入库，1.7万多户茶农全部完成确权登记，建设安吉白茶产业大脑，通过安装全景可视化视频监控、水肥一体化智能灌溉、农产品质量监测等智能管理装备，实时动态做好茶园信息采集以及数字化管理。**监管一个码，强化产业监管。**全面启用"安吉白茶"手机App，为每家茶场建立独立的电子账户，根据茶园面积核定干茶数量后发放电子防伪码，换领实物证明标。推动安吉白茶商品交易与防伪码划转同步进行，在全面推行无现金交易的基础上，确保原产地安吉白茶总量可控、交易可查。**生产一件事，提高服务能力。**开发安吉白茶生产服务应用平台，设置"在线交易""农资查询""我要领码"等21个功能模块，推动茶叶生产管理事项线上办、网上办、掌上办，基本实现茶叶从生产到销售全过程覆盖。

安徽省蚌埠市怀远县
强化标准化生产　小糯米蹚出新"稻"路

怀远县地处皖北，淮河中游，素有"淮上明珠"美誉，境内盛产粮油、果蔬、畜禽、水产品，连续多年被评为全国粮食生产先进县，被列为全国农业（糯稻）全产业链典型县、安徽省首批"一县一业（特）"示范县、安徽省特色农产品（糯稻）优势区、安徽省现代农业（糯稻）产业园。近年来，怀远县扎实推进糯稻品种培优、品质提升、品牌打造和标准化生产，促进怀远糯稻全产业链高质量发展。

一、注重政策支持，推动高效发展

加强政策创设。出台《关于振兴怀远糯稻的实施意见》《怀远县振兴糯稻产业发展奖补办法》《怀远糯稻产业发展规划》等政策文件，成立振兴怀远糯稻产业领导小组，明确产业发展方向，落实工作推进机制。**加大资金扶持。**每年安排3000万元糯稻产业专项发展资金，对糯稻基地建设、品种选育、品牌培育、示范创建、电子商务、农超对接、精深加工、产业升级等给予奖补。**强化金融支持。**与省农担公司合作，信贷担保支持糯稻全产业链上的经营主体发展，包括种植、农业机械购买、生产加工、经营销售、电商建设、冷链、物流等，予以10万～1000万元的授信额度，为怀远糯稻全产业链发展注入新动能。

二、注重科技支撑，推动品种培优

搭建创新平台。先后与南京农业大学、中国科学技术大学、安徽省农业科学院等院校合作成立糯稻产业研究院、旱稻栽培技术工程研究中心、糯稻技术产业联盟及糯稻绿色加工协同技术服务中心，提升糯稻品种创新能力。**选育优良品种。**建立糯稻良种选育培育实验基地12个，新选育糯稻国审品种3个、省审品种5个，先后获发明专利6项、省市科技进步奖5项，推广应用先进实用技术8项。**加强良种扩繁。**创新"科研院所＋企业＋基地"共建共享良种推广繁育机制，推广自主选育新品种恒祥糯9号、丰糯1246等种植面积20万亩。

三、推行绿色生产，促进品质提升

推广绿色生产技术。实施化肥农药减量增效行动，推广病虫害绿色防控技术，绿色防控推广面积达95%，集成绿色高质高效生产技术模式，打造全国知名酿酒原料、食品等精深加工企业专用糯稻品牌原粮基地30万亩，建设

全国绿色食品原料（糯稻）标准化生产基地10万亩。**加强质量安全监管**。健全农产品质量安全市、县、乡、村四级监管和质量安全追溯体系，推动各类追溯平台互联互通和信息共享，落实农产品带标带码上市，建成农残快检室361个，省级农产品质量安全监测合格率连续3年稳定在100%。**推动绿色有机认证**。糯米及其加工产品通过绿色食品、有机农产品、地理标志农产品认证基地覆盖率达到65%以上，怀远糯米获国家地理标志证明商标认证。

四、强化宣传引导，创响区域品牌

开展品牌宣传。拍摄糯稻宣传片，举办糯稻摄影展、糯稻产业发展高峰论坛，建设怀远糯稻历史博物馆、白莲坡贡米历史文化长廊。以"怀远糯米"冠名的高铁列车在上海虹桥高铁站首发，"怀远糯米"品牌亮相北京地铁1号线"乡村振兴"主题专列。**统一包装标识**。怀远糯米、白莲坡贡米统一包装标识，统一授权使用，"怀远糯米"入选"皖美农品"区域公用品牌，

"白莲坡贡米"成功入选首批安徽有影响力的绿色食品区域公用品牌。**加强品牌保护**。建立品牌使用失信惩戒机制，健全完善"怀远糯米""白莲坡贡米"品牌使用、授权、审核、评价、登记、注册等制度，严厉打击假冒品牌违法行为，依法维护生产者和消费者合法权益。

五、强化标准引领，推动标准化生产

完善标准体系。制定《地理标志产品白莲坡贡米》《沿淮中粳稻麦茬旱直播栽培技术规程》地方标准2项，《怀远糯米》等团体标准5项，发布实施企业标准15项，从育种、栽培、收获、加工、运输、仓储等各环节建立糯米产业标准体系，做到有标可依。**加强标准宣贯**。通过农事天地电视栏目、宣传片、小视频、培训会、现场会、展示牌、微信平台、抖音平台等多种形式，广泛宣传推广标准，推动标准化管理成为全体糯稻生产经营主体共同的价值理念、共同的行为规范。2022年，全县糯稻种植面积90万亩、产量50万吨，全产业链产值超100亿元。

安徽省宿州市砀山县
"三新"发力提品质 酥脆香梨惹人醉

砀山县位于安徽省最北部,安徽、江苏、山东、河南四省七县(市)交界处,被誉为"世界梨都、水果之乡",是吉尼斯世界纪录认定的世界最大连片果园产业区,也是"砀山酥梨"原产地。近年来,砀山县以农业生产"三品一标"行动为抓手,推动砀山酥梨特色产业集群建设,实现砀山酥梨数量与质量协调发展,为乡村产业兴旺注入了强劲的生机与活力。

一、品种培优,推进种质资源创新

摸清梨树底数。开展梨树品种资源排查,摸清砀山酥梨种植现状,建立6万余株古梨树种质资源档案,实行"一树一档、一树一牌、一地一册",详

细登记树龄、树名、科属、管护责任单位及责任人、联系电话等内容。**搭建创新平台**。加强与安徽省农业科学院等科研院所产学研合作，成立国家梨产业技术体系砀山综合试验站，整合国家梨产业技术体系及安徽省果树产业体系专家力量，指导"一号梨园"建设、安徽酥梨研究院建设、砀山酥梨产业集群建设实施。**培育优良品种**。以砀山酥梨为亲本，培育优良后代品（株）系32份，选育皖梨1号、皖梨2号、皖梨4号、砀山细酥等新品种6个，为进一步丰富砀山酥梨优良后代品种提供可选种质资源。

二、源头发力，强化质量安全保障

加强农资监管。专门成立农资监管工作领导小组，出台《砀山县农资市场准入管理暂行办法》，加强农业投入品监管执法，严把农资市场"准入关"和"监管关"，从源头上保障砀山酥梨生产安全和农产品质量安全。**推行绿色生产**。加强农田设施建设，实施有机肥替代化肥三年行动计划，倡导果园生草、防草地布、增施有机肥、水肥一体化等生态种植理念，集成应用病虫害绿色防控技术，推广杀虫灯、可降解黄色诱虫板、梨小食心虫迷向丝和橘小食蝇性诱剂等病虫害防控技术。**创新数字赋能**。实施"数字果园"创新工程，建成52个数字果园应用示范园，实时采集果园光照、土壤、空气等环境参数，实现梨园全天候控制及智能化、数字化管理。

三、标准引领，促进产品品质提升

推动按标生产。制定《地理标志产品砀山酥梨》等技术标准，完善砀山酥梨生产技术规程，鼓励农业新型经营主体通过土地流转、土地入股等形式扩大经营规模，集中连片推广应用标准化生产技术。**建设示范基地**。建成15家国家级、6家省级砀山酥梨标准化示范基地，创建12万亩绿色食品原料标准化生产示范区，年生产优质砀山酥梨40万吨，相比传统果园增产10%、

节约成本25%、收益提高35%。**突出龙头带动**。培育扶持产业化龙头企业，打造国家级农业产业化重点龙头企业2家、省级19家。通过劳动力、资金和土地入股分红、订单保底价收购、绿色防控技术指导、土地托管等多措并举，形成多种形式联农带农机制，带动果农开展标准化生产。

四、市场驱动，助力区域品牌提质

加强产品认证。积极发展绿色食品、有机农产品、地理标志农产品生产，推行食用农产品达标合格证制度。强化农产品认证和监管，规范标志使用，加强相关风险监测和证后监管，全县26家企业获有机食品和绿色食品认证。**加大宣传推介**。充分利用报刊、网络、电视等媒体，通过网红直播、短视频话题营销、开通"砀山酥梨高铁专列""我是县长（镇长）我代言"网络直播推介活动、举办梨花节和采梨节等，广泛宣传推介砀山酥梨，品牌知名度、美誉度进一步提高。**创新营销模式**。利用"电商+砀山酥梨"新型营销模式，加大网络营销力度，通过淘宝、微信、抖音等平台推动砀山酥梨线上线下一体化销售，增强砀山酥梨品牌市场影响效应、社会带动效应和收益示范效应。全县注册电商企业2000多家，网店和微商近6万家，带动15万多人从事电商、物流等相关产业。

福建省南平市光泽县
自主培育白羽肉鸡新品种　破解种源"卡脖子"难题

光泽县位于福建省西北部，武夷山脉北段，闽江上游，全县面积2240平方千米，森林覆盖率81.9%，大气环境和水环境分别达到国家一级、二级标准，先后被评为国家级生态县、国家生态文明建设示范县。2021年12月，圣泽901白羽肉鸡新品种通过国家畜禽遗传资源委员会审定，成为我国首批自主培育的白羽肉鸡品种，打破白羽肉鸡种源完全依赖国外的局面。2022年，圣泽901白羽肉鸡父母代雏鸡批量供应，开启国内推广应用先河，全年推广应用父母代种鸡苗650万套，累计繁育圣泽901白羽肉鸡父母代种鸡1600万套，生产商品肉鸡16亿羽。

一、加强科企协作，助力育种创新

建立科研平台。推动圣农集团成立首家白羽肉鸡行业国际性研究院——圣农研究院，引进国内外白羽肉鸡育种人才，建立高水平白羽肉鸡创新研究平台，形成以政府为引导、企业为主体、科研院所为支撑的"金三角"协作机制，为持续育种创新提供技术支持和人才保障。**推动地校合作。**与中国农业大学、四川农业大学、西北农林科技大学等院校签订战略合作协议，推进产学研用深度融合，促进白羽肉鸡品种创新与推广应用。协调组织相关科研院所专家，积极开展白羽肉鸡联合育种攻关，助力育种研发。**创新育种手段。**推动基因编辑、全基因组选择等现代生物育种技术应用，加大检测技术、测定技术、育种管理、孵化设备等新技术、新设备及信息技术的研发和应用，加强育种技术创新，加快白羽肉鸡育种进展，提升创新水平。

二、强化条件建设，保障育种创新

加大项目支持。实施现代种业提升工程项目，中央财政补助1100万元、县财政配套500万元支持圣农白羽肉鸡原种场建设。推动白羽肉鸡育种攻关项目列入"十四五"福建省种业创新与产业化工程项目，省财政安排1000万元支持白羽肉鸡育种攻关和产业化发展，提升育种创新科技水平。**改善基础设施**。县财政投入6000万元，改建提升圣泽原种场道路交通等基础设施，全力保障白羽肉鸡原种场生产和用电需求，投入近30亿元完成全县肉鸡（种）鸡养殖场、宰杀加工厂道路拓宽建设，提升基础设施水平。**保障种源安全**。县政府将圣泽核心育种场周边4000余亩林地统一收贮，开展圣泽原种场及至县城交通要道周边养殖企业清理整顿，全面完成退养或搬迁，实现全封闭管理。建设一批设施和育种条件一流的白羽肉鸡原种场，打造国家级禽白血病动物疫病净化场和高致病性禽流感非免疫无疫小区，有效保障种源安全。

三、加强技术指导，服务育种创新

强化服务保障。成立县委书记、县政府县长为组长的工作协调小组和工作专班，建立健全工作推进机制，实行"一企一策"全程精准服务，强化统筹协调，举全县之力全面对接、全力服务、全程保障白羽肉鸡育种攻关和推广应用，及时协调解决存在的困难和问题。**强化技术指导**。加强与省农业农村厅沟通，成立以省农业农村厅分管领导为组长的专家指导组，选派技术专家定期深入企业，指导白羽肉鸡育种攻关和新品种审定，加强白羽肉鸡育种攻关与推广应用技术支持。**强化协调对接**。主动协调圣泽901白羽肉鸡新

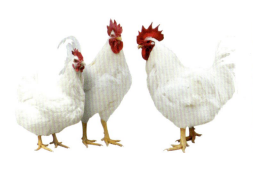

品种审定前在省内外开展中试，与浦城、政和农业农村部门以及甘肃省农业农村厅沟通对接，积极协调帮助解决在调运、监管等方面的困难，推动圣泽901在南平市及甘肃省顺利开展新品种中试。

四、提升产业水平，推动乡村振兴

推进产业升级。引导企业积极申报国家肉鸡核心育种场，提高育种创新水平，推动企业改造升级祖代、父母代、商品代等白羽肉鸡的养殖基地，建设屠宰、加工等工序的配套设施，完善全产业链体系，在用地、检疫、物流等方面优先支持，打造白羽肉鸡千亿产业集群。**强化要素保障。**增加官方兽医人员编制，加强种鸡性能质量监测和检疫监管，优化种苗检疫服务，提升检疫工作时效。支持圣泽生物上市融资，2022年圣泽生物实现营业收入约2.58亿元，加快推动金融机构创设的"乡村振兴贷"等金融产品服务白羽肉鸡产业，为白羽肉鸡产业发展提供金融服务。**推动民企带村。**引导圣农集团开展组团式产业带村发展，因地制宜将企业优势资源导入乡村，让产业链有机嵌入村集体，支持村集体承接集团物流、产品加工、包装等项目，与企业融合发展，壮大村集体经济，推进乡村振兴。截至目前，共带动11个乡（镇）90个行政村参与，惠及18万村民，村民户均新增年收入超6万元，实现农民增收。

江西省九江市永修县
做大"永修香米"品牌 夯实赣北粮仓

永修县位于江西省北部，光热丰富，气候温暖，农业资源禀赋良好，是全国商品粮基地。近年来，永修县立足特色产业发展优势，积极实施质量兴农、品牌强农战略，围绕香米产业，推动品种培优、品质提升、品牌打造和标准化生产，着力做大做强"永修香米"品牌，增加绿色优质农产品供给。

一、高位推动，促进品牌建设高端化

加强组织领导。成立由县政府主要领导任组长、相关部门和乡镇负责同志为成员的稻米区域公用品牌创建领导小组，统筹协调推动品牌建设各环节工作，制定"永修香米"品牌发展指导性计划，推动永修香米产业健康有序发展。**加强品牌规划。**组织编制"永修香米"区域公用品牌战略规划，举办战略发布会，发布《中国香米高质量发展（永修）宣言》，打造"永修香米"品牌标识，加快提升"永修香米"区域公用品牌价值。**强化政策扶持。**推动将"永修香米"纳入江西省七大稻米区域公用品牌，累计投入资金1.2亿元财政资金，持续加大"永修香米"品牌建设，提升品牌影响力。

二、全程管控，促进香米生产高质化

强化科技支撑。与中国农业科学院等科研院所、多家国内优质香米育种领航企业建立战略合作关系，加强永修香米良种繁育，每年开展对比实验20

余个，引进优质香米品种60个，筛选永修香米优良品种2～3个。**健全标准体系**。制定《中国永修香米标准》《"永修香米"产品标准》《"永修香米"生产技术规程》等系列标准和技术规范，完善永修香米生产标准体系，推动按标生产，确保产品绿色优质安全。**加强质量监管**。建立永修香米质量安全追溯管理体系，完善以溯源监管为核心的质量安全保障体系，推动平台监管与日常抽检相结合，实现从地块、种植、加工、田间管理到餐桌等全程实时监控、信息反馈和质量追溯，香米质量安全监测合格率达100％。

三、全链打造，促进产业发展系统化

健全产业体系。以现代农业"百县百园"建设为抓手，健全生产、加工、物流、销售和服务于一体的全产业链体系，推行"稻米种植＋生产加工＋品牌创建"发展模式，提升香米产业发展层次。**完善合作机制**。建立"核心区＋辐射区"种植布局，发展"龙头企业＋基地＋协会＋种植户"合作模式，引导农户与永修香米授权企业签订订单，并将永修香米订单种植面积

全部纳入农业保险，确保20万亩永修香米实行订单化生产。**拓宽营销渠道**。全国范围内发展经销商200余个、超市及粮油店5000多家，探索整合"永修香米"线上销售渠道，辐射销售湖南、湖北、广东、福建等周边省份。充分利用"永修香米"产品新闻发布会、展销展会等，推动核心授权企业年销售额达5.3亿元，总销量同比增长30%。

四、全面推广，促进品牌发展多元化

加强品牌宣传。定期召开"永修香米"产品新闻发布会，举办"'永修香米'文化节暨'中国香米'（永修）高端论坛"，利用微信、微博、抖音等新媒体，以及农交会、绿博会等线下节会，广泛开展宣传推介。**拓宽品牌价值**。发布《永修香米文化及质量标准》，深挖"永修香米"历史底蕴和内涵，融入农耕、农禅等历史文化元素，不断深化香米文化建设，拓宽香米品牌价值。**强化品牌监管**。成立品牌管理专设组织，定期开展品牌整治行动，开展品牌专项检查，严打假冒伪劣和侵犯商标专用权等违法行为，探索设立品牌赔偿基金，维护品牌形象。

"三化"联动强产业　富农花生开新局

山东省莒南县地处鲁东南鲁苏交界处，山水相依，近海临港，是"中国花生之乡"，常年种植花生40万亩以上，产值达160余亿元，单产居全国第一。全县拥有花生加工企业300余家，出口量约占全省三分之一、全国五分之一，是全国最大的优质花生良种繁育基地、商品生产基地和出口贸易集散地。近年来，依托良种良法、科技支撑、品牌培树等，莒南县花生产业发展势头良好，产业优势日益明显，形成了种植、加工、出口、贸易一条龙的花生产业链，有力推动了全县农业经济的快速发展。

一、"良种良法"推动产量高产化

加大政策扶持。出台《关于进一步促进莒南花生产业做大做强的意见》，大力实施花生良种补贴项目，严格良种补贴政府采购程序，分级建立供种档案。每年投入花生产业发展补贴1500万元，累计争取国家、省补助资金1.36亿元，实施花生产业优质粮食工程项目16个，有力促进花生产业发展。**强化育种创新**。先后引进高油酸、高蛋白等花生新品种21个，选育高蛋白、高油酸花生新品种3个，连续10年承担并实施花生单粒精播高产攻关试验，并以亩产752.6千克的优异成绩破全国纪录。**加大推广应用**。加强优良花生品种示范种植，经比选认定后向全国范围推广。累计推广优良品种10余个，推广应用先进适用技术40万余亩，花生良种覆盖率达98%，花生单产提高10%～20%。

二、"科技支撑"促进生产标准化

加强平台建设。与中国工程院、中国农业科学院等20余位院士、专家合作，建立"博士后工作站"等国家、省级科技研发平台20多个，围绕花生高产技术、酸化耕地治理等领域开展协调创新，推动10多项技术达到国内外先进水平。**强化示范创建。**与中国农业科学院、山东省农业科学院开展科技创新工程战略协作，推进花生节本增效绿色生产技术研发与集成示范，创建花生绿色防控试验示范基地35个，基地（园区）面积66万亩，良种覆盖率和绿色防控率均达到100%，花生增产11%以上，构建区域性花生绿色生产模式。**构建标准体系。**制定《莒南县花生标准化生产技术操作规程》《花生全产业链安全生产地方标准》《花生标准化安全生产技术规程地方标准》等标准20余个，种植标准化率达85%以上。**强化质量监管。**组织开展"莒南花生"特色品质和质量安全跟踪监测与评价、地理标志农产品质量控制技术规范及相关管理制度的宣贯培训、质量安全风险监测和监督抽查，全面提升莒南花生生产能力。

三、"多链协同"推动产业综合化

延长产业链。依托金胜、兴泉、玉皇等多家龙头企业，建成以压榨花生油为主、花生休闲食品和营养功能食品为辅的，集花生深加工、仓储包装、物流运输、网络平台为一体的花生产业功能区。**完善供应链**。加强与天猫、京东等平台合作，设立线上官方旗舰连锁店。入驻知名连锁超市100多家，在国内外设立办事处、分销点1000多处，实现莒南花生"买全球、卖全球"。年加工花生150万吨，出口到50多个国家和地区，出口额达14.9亿元。加工量、贸易量、出口创汇，均居全国县级第一。**提升价值链**。"莒南花生"先后通过国家农产品地理标志认证，成为"中欧互认农产品地理标志"之一、中国区域农业产业品牌·粮油类影响力排行榜十强，入围《中欧地理标志协定》首批名单，品牌价值达到73亿元以上。

山东省潍坊市寿光市
全链条"四化"同步　引领蔬菜产业高质量发展

　　寿光市位于山东省北部，渤海莱州湾西南畔，是"中国蔬菜之乡"，现有蔬菜种植面积60万亩，年产蔬菜450万吨，是全国重要的蔬菜集散中心、价格形成中心、信息交流中心和物流配送中心。近年来，寿光市主动融入潍坊国家农综区建设，深入开展全链条"四化"提升行动，全面加强种业研发、数字农业、标准生产、品牌打造四大板块竞争力，聚力建设全国蔬菜产业综合服务基地。山东寿光蔬菜产业集群被确定为全国首批50个优势特色产业集群之一，成为山东省首批现代农业强县。

一、紧抓"种业一体化"这个核心，打造全国蔬菜种业硅谷

强化政策扶持。制定出台《寿光市关于扶持蔬菜种业发展的政策》，累计投入资金3亿元，从种业研发、繁育基地建设、人才引进等方面进行全方位扶持。**创新发展模式**。健全"公司+研发平台+研发团队"协同创新机制，培育1家国家种业阵型企业、1家国家育种联合攻关阵型企业、7家省级研发中心、4处种质资源库，自主研发蔬菜品种达178个，从事育苗单位达485家，种苗年繁育能力达18亿株，被认定为国家级区域性良种繁育基地。**畅通合作体系**。吸引荷兰瑞克斯旺、先正达等30多家种业公司先后进驻寿光，引导蔬菜种业集团等强化与荷兰亚细亚公司、法国高迪尔公司、日本JA农业协会等合作，共同研发产品40多个。举办寿光国际蔬菜种业博览会，每届展示蔬菜新品种4000个以上，推动寿光国产蔬菜种子市场占有率达到70%以上。

二、狠抓"管理智慧化"这个重点，打造全国放心品质蔬菜生产基地

以"数字+"推动设施升级。建成丹河设施蔬菜标准化示范园、现代农业高新技术试验示范基地等智能化园区，实现水肥一体机、智能温控等全覆盖，蔬菜大棚物联网应用率达80%以上。引进先进智能玻璃温室，应用新技术120多项。**以"信用+"探索建立新型管理体系**。开展农资经营规范化创建，将全市农药经营门店划分优秀、良好、一般、不合格4个等级，按照"非请勿扰""就事论事""加强督查""重点监管"四个标准，实施信用分级分类监管。引入银行金融服务，按照信用评级进行精准授信。**以"监管+"保障舌尖上的安全**。将寿光全域划分为28个监管网格，配备监管员56名、专用车28辆，配套开发网格化监管与农产品检测系统，对15.7万个蔬菜大棚、1487家交易市场和1600多家农资门店进行GIS（地理信息系统）位置定

位和系统监管，实现各环节全流程可追溯。年抽检蔬菜样品15万批次以上，合格率稳定在99.6%以上。

三、紧扣"生产标准化"这个关键，抢占现代农业制高点

搭建标准化平台。推动部、省共建的全国蔬菜质量标准中心成功落户，建成投用国内唯一的蔬菜品质感官评价和分析实验室，成立全国蔬菜感官与营养品质研发中心，搭建优质产品产销对接平台，畅通标准化生产基地与蔬菜采购平台的产销直供渠道。**强化科技支撑。**推动中国农业科学院、国家蔬菜工程技术研究中心等12个国家级平台落户，引进培育省级以上重点人才工程人选43人。组建由5名院士领衔的专家委员会，成功立项126项国家标准、行业标准和地方标准，发布5项全产业链行业标准、14项地方标准和19项团体标准，填补了行业领域空白。**指导按标生产。**组织编制12种主栽作物《高品质蔬菜生产技术规范及要点（试行）》，开展全域标准化生产大培训。发起成立国家蔬菜质量标准化创新联盟，在山东、江西、内蒙古等省份认定59个示范基地，常年安排8000多名技术人员在全国各地指导蔬菜生产。

四、坚定"蔬菜品牌化"这个方向，占领价值链最高端

完善管理体系。组建全国首家蔬菜合作社联合会，构建起以联合会为龙头、合作社为骨干的组织架构，农民参加合作社比例达到85%以上，初步探索出一条新时代"大承包、小包干"合作新路子。**提升品牌价值**。推动粤港澳大湾区"菜篮子"产品潍坊配送分中心成功落户寿光，69家基地通过认证。积极引导企业开展品牌创建，有效期内认证农产品390个，22个产品入选全国名特优新农产品名录。注册"寿光蔬菜"商标，集中打造农圣网、"种好地"等区域性电商平台，积极发展农村电商和产销对接工作受到国务院督查激励。**提升产品附加值**。举办潍坊寿光首届预制菜全产业链博览会，线上总浏览量达到2500万人次。落地正大（寿光）国际蔬果智慧产业园、御达祥中央厨房、阿果天成果蔬加工等一批重点项目，使寿光优质蔬菜以"直通车"方式进入航空配餐、中央厨房等前沿业态，努力打造预制菜产业新高地。

河南省开封市杞县
补标提标贯标　全链推进大蒜标准化生产

杞县地处豫东平原，农产品资源丰富，是中国特色农产品优势区、国家级出口大蒜质量安全示范区、全国绿色食品原料（大蒜、玉米）标准化生产基地，被誉为"中国大蒜之乡"。大蒜是杞县农业支柱产业，种植面积常年稳定在70万亩，产量90万吨，面积和产量均居全国县域前列。杞县大蒜是全国名特优新农产品、国家地理标志登记保护产品、国家地理标志注册商标产品。近年来，全县年安排专项资金500余万元，持续推进大蒜品种培育、品质提升、品牌打造，推行"龙头企业＋合作社＋农户""公司＋基地＋农户""农户＋村集体＋企业"等联农带农模式，有力保障大蒜产业高质量发展。

一、加强政策支持，助力产业提升

完善领导机制。成立由县委、县政府主要领导任组长的杞县大蒜产业发展领导小组，加强对大蒜产业的领导和决策，协调解决大蒜产业发展中出现的问题。**强化规划引领**。组织编制《杞县大蒜产业"十四五"发展规划》，明确大蒜产业发展工作目标和重点任务，为杞县大蒜产业持续发展提供指导。注重打造从种植到存储，再到冷藏、研发、精深加工、销售等全产业链条的政策扶持。**健全奖励机制**。县政府设立大蒜产业发展奖励基金，每年对大蒜产业做出突出贡献的乡镇、单位、优秀企业进行颁发奖励基金。

二、强化科技支撑，促进产业高质量发展

加强政校企合作。与中国农业科学院、中国农业大学等院校合作，建立大蒜产品研发中心，每年政府补助资金支持研发中心团队，开发全链条大蒜标准化绿色生产技术，为大蒜产业高质量发展提供有力技术和人才支撑。**加强科研引领**。成立河南省大蒜深加工工程技术研究中心，建设开封市大蒜制品品质调控重点实验室和河南省大蒜品质检测检验中心，先后引进21名教授专家，承担5项市级以上重大科研项目。**加强种质资源保护**。建成国内一流的大蒜种质资源库，收集国内外大蒜种质资源200多个。加速优良大蒜品种的繁育、推广体系建设，建设良种基地，目前选育出"中瑞1号""中瑞2号"2个大蒜新品种，在同等种植条件下，可实现每亩产量提高600千克。

三、完善全链条标准体系，促进大蒜产业健康发展

完善标准体系。依托中国农业大学、河南农业大学等科研院校，制定

《地理标志产品杞县大蒜》《电子商务大蒜现货交易仓储管理规范》等4项省级地方标准，编制大蒜全链条标准化生产技术规范，实现大蒜种植、加工、收储等全环节有标可依。**推进标准化生产。**按照全国绿色食品原料标准化生产基地要求，开展生产、技术、监管等体系建设，全面推广应用绿色标准化生产技术规程，强化标准化生产档案管理，全县企业统一大蒜收储标准。成功创建全国绿色原料（大蒜、玉米）标准化生产基地，基地占地面积40万亩，居全国首位。**强化质量监管。**全面推行绿色防控、病虫害综合防治和统防统治、有机肥替代化肥等技术，积极推行承诺达标合格证制度，建成省、市、县级产品质量追溯示范点38处，大蒜产品质量安全抽检合格率达100%。

四、强化标准化生产主体培育，增强大蒜产业发展内生动力

加强主体培育。推动省级重点龙头企业对接乡镇建设绿色大蒜原料标准化生产基地，2022年全县培育大蒜标准化加工企业23家、合作社5000余家，家庭农场600余家，其中国家省、市级示范家庭农场和合作社50余家。**延伸产业链条。**全面提升大蒜的初加工转化率和深加工能力，在生产常规的蒜片、蒜米、蒜粉等"原字号""食字号"产品的基础上，生产糖醋蒜、腊八蒜等大蒜文化产品，以及黑蒜、蒜酒、大蒜胶囊等高科技产品，向"健字号""药字号""妆字号"产品进军。**打造亮点名片。**杞县大蒜连续三年入选"中国农业品牌百强目录"，入围"央视7套农业品牌巡展"。被评为"河南省最受欢迎的名特优新农产品"和"中原名片"，在2020年重庆第十八届农交会上，杞县大蒜代表河南地标产品向全国进行推荐，杞县大蒜品牌价值达51.56亿元。

河南省三门峡市灵宝市
绿色赋能增效益　红苹果插上"金翅膀"

　　灵宝市地处河南、山西、陕西三省交界，是河南省的西大门，素有"苹果之乡"的美誉。全市果园总面积115万亩，其中苹果90万亩。近年来，灵宝市坚持把发展苹果产业作为深化农业供给侧结构性改革的重要抓手，集聚资源要素，深入推进苹果品种培优、品质提升、品牌打造和标准化生产，全面推动苹果产业高质量发展。

一、科技支撑强根基，全链发展区域领先

　　加强平台建设。深化与西北农林科大学、中国农业科学院郑州果树研究所等科研院所合作，建立院士工作站、中原学者工作站等科研平台5个，合作基地13个，年引进农业、果品专业人才20名，加快苹果产业技术研究和

推广，构建多元化农业技术推广体系。**调优品种结构**。引进新品种13个，储备名特优新品种100个，新建优质苹果苗木繁育基地和苹果品种展示园各1个，苹果早、中、晚熟品种比例达到2∶2∶6，良种覆盖率达95%。**延伸产业链条**。进一步扩大苹果冷链仓储建设规模，建设果品贮藏库173家、年储量22万吨，培育果品加工企业7家，建成4.0苹果分拣线、果胶生产线、全自动果醋生产线，年加工转化能力达30万吨，浓缩果汁、果浆、果醋等八大系列100多个品种，年出口创汇3600万美元。**深化三产融合**。打造苹果小镇，建成灵宝苹果博览馆、主题酒店、露营观星基地，成功创建省级学生研学实践基地，举办苹果大型节会，年吸引游客20万人。

二、标准制定提品质，产品品质不断提升

　　强化标准制定。制定《灵宝苹果国家标准》，将苹果生产管理细化为99道工序。印发《苹果绿色生产关键技术规程》等8个规范性文件，提炼总结灵宝苹果生产的"六阶段十一步"等标准化管理技术规程。**推广标准种植**。全市发展矮砧苹果标准化种植3万亩，创建全国绿色食品原料（苹果）标准化生产基地19.2万亩，标准化生产覆盖率达73%。**统一生产技术**。推广水肥一体化、智能化防灾减灾体系、新技术，实现灌溉、施肥、除草、喷药"四统一"，优化施肥结构，应用绿色防控和物理综合防治技术，逐步减轻劳动强度。**强化品质提升**。近年来，全市认证绿色食品数量37个、有机食品15个、地理标志农产品5个，苹果品种不断优

化，生产水平不断提高。据检测，灵宝苹果酸度在0.36以下，糖度在15以上，酸甜比在47左右，硬度为7.8～8.0，呈现出"酸、甜、脆、香"四大特点。

三、绿色生产增效益，品牌影响持续增强

绿色生产规模化。组建农机合作社7个，专业化社会化服务组织13个，改造提升乔化果园14万亩，推广矮砧栽培、水肥一体、果园生草、绿色防控等农业绿色生产技术10万亩，全面规范化肥、农药等投入品使用，病虫害绿色化防控率达到95%以上。**绿色生产科技化**。构建天地一体的农业物联网测控体系，实施智能节水灌溉、测土配方施肥、环境智能监测、病虫害预测预报等精准化作业，建成全产业链大数据平台和农产品质量安全监督管理平台，农事操作记录全面上传，实现质量追溯全程化。**品牌打造高端化**。按照"核心品牌突出、母子品牌联动"的思路，采取"区域品牌+企业品牌+高端品牌"的方式，打造"灵宝金苹果""富硒苹果"等高端品牌，"寺河山""岭宝""世苹"等入选全国知名企业品牌。**宣传推广常态化**。连年举办苹果花节、农民丰收节、中国苹果文化节等推介活动。先后在北京、上海、重庆、南宁等地参展举办苹果推介会，连续两年灵宝苹果每斤高出周边地区1～1.6元，灵宝苹果品牌价值196.52亿元，品牌知名度和市场影响力持续增强。

四、宣传培训扩影响，联农带农效益明显

强化技术培训。开展果树修剪技术"大比武"、果王争霸赛、标准化生产技术培训等，支持有志农村青年、返乡农民工、农技推广人员、农村大中专毕业生等投身苹果产业，组织培训授课达80场次，培训人员达5万人次，让果农看得见、听得懂、学得牢，提高专业技能水平。**营造宣传氛围**。结合

农产品质量安全宣传周、下乡走访调研、督导检查等工作，不断加大灵宝苹果宣传力度，扩大灵宝苹果品牌知名度、美誉度和影响力。**培育经营主体**。培育国家级农业龙头企业1家、省级7家，新型经营主体565家，灵宝苹果专营店100个，电商门店303家，微商300家，引进阿里巴巴、淘宝运营中心、京东商城、拼多多等销售平台，销售渠道进一步拓宽。**促进农民增收**。构建"企业+合作社+果农"利益联结机制，鼓励龙头企业、合作社通过股份分红、利润返还等形式，与群众共享产业化发展成果，实现自种苹果收入高、土地流转有租金、入股有分红、务工有工资。2022年，果农人均可支配收入达2.6万元以上，高出全市农村居民人均可支配收入平均水平26%。

云南省楚雄彝族自治州元谋县
打高原冬早蔬菜牌　富农创汇增效益

元谋县位于云南省楚雄彝族自治州北部，年平均气温21.5℃，全年无霜，被誉为"天然温室"，享有"中国冬早蔬菜之乡"、金沙江畔"大菜园"、成昆线上"菜篮子"的美誉，是全国少有的露天冬季蔬菜种植区、主产区，是商务部、农业农村部指定的商品蔬菜基地、南菜北运基地。近年来，元谋县通过创新实施"五大赋能"工程，持续提升"冬早蔬菜"品牌影响力和核心竞争力，全县蔬菜种植面积达25万亩，年产值达65亿元。

一、创新"四动推进"机制，赋能品牌创建兴农

高位组织推动。创新"规划一批、培育一批、成熟一批、推出一批"品牌创建思路，成立县委书记、县长任双组长的农业生产"三品一标"工作领导小组，高起点规划，高站位谋划，高效率统筹，形成"亮牌、用牌、护牌、管牌"的品牌经营意识。**考评督查促动**。把实施"品牌兴农"战略作为全县"三农"工作的重要抓手，定期或不定期组织农业生产"三品一标"创建专项督查，并把农业生产"三品一标"创建列入乡村振兴年度绩效目标量化考评。**政策激励带动**。印发《元谋县"一县一业"示范创建"三品一标"品牌认证奖励办法》《元谋县省级绿色农产品挂牌保护基地和有机农产品挂牌保护基地奖励办法》《元谋县争创云南省"10大名品"企业补助方案》等品牌创建激励政策，对荣获云南省"十大名品"的4户企业给予500万元资金奖励。**科技创新驱动**。组建元谋蔬菜研究所，成立6个院士专家基层工作

站，设立3个研究中心8个研究室，强化关键核心技术研发和示范推广。先后引种试验蔬菜品种2000多个，自主研发番茄、黄瓜、花椰菜等蔬菜新品种16个。

二、创新"严把五关"安全工程，赋能品牌效应发挥

严把"生产环境关"。净化蔬菜产地环境，示范推广生物防治措施、测土配方、平衡施肥新技术和高效节水灌溉技术，开展农药、化肥减量增效行动，2022年全县农药使用量203吨，较上年减少2.07%。严把"种植条件关"。强化对土壤、水源、空气、肥料、重金属等农业生产环境的管理与保护，改善农业生态环境，创建绿色防控示范基地300个，冬早蔬菜绿色防控覆盖率达62.8%。严把"农资质量关"。建立打假举报联动机制，开设举报专线"12316"，开展"农药残留专项整治""打假护农，保粮增收""绿剑护农"等专项活动，加强农药、种子、肥料等农资市场执法检查，严厉打击销售和使用高毒、高残留农药的行为。2022年，化肥施用总量减少391.16吨，下降2%。严把"产品外运关"。设立农产品质量安全查验点，对运出元谋县

的外销蔬菜进行《产品检测合格证》《植物检疫证书》"两证"查验，有效杜绝未经检疫检测的蔬菜流出，确保外销蔬菜质量安全第一。**严把"质量监督关"**。组织开展农业投入品质量安全监管、农药市场执法检查、农药质量监督抽样、种子监督抽样，每年平均检测蔬菜水果样品近13000份，合格率达100%。通过"严把五关"，形成产前、产中、产后"三位一体"全程监管体系，实现从"田间到餐桌"产业链条的全程追溯，质量安全成为元谋冬早蔬菜的"最大卖点"。

三、创新"一企三农"培育工程，赋能品牌影响力提升

壮大农业龙头企业。聚焦冬早蔬菜产业，培育壮大一批年销售收入1亿元以上和5亿元以上不同梯次农业龙头企业，全县累计培育农业龙头企业93家。其中，国家级农业产业化重点龙头企业2家、省级龙头企业23家、州级龙头企业68家。**发展农民专业合作社**。因地制宜培育一批运营管理规范的农民专业合作社，推广组织化、规模化、专业化蔬菜产业生产经营和销售模式。截至目前，全县累计发展各类农民专业合作社445个，其中国家级示范社6个、省级示范社13个、州级示范社23个。**培育家庭农场和农业种植大户**。以冬早蔬菜产业规模化种植、商品化生产、产业化经营为重点，培育家庭农场584家、农业种植大户1041户。扶持"一企三农"主体积极申报创建绿色、有机农产品品牌157个。"元谋番茄""元谋青枣"证明商标和"元谋蔬菜""元谋水果"集体商标获国家市场监督管理总局注册，"元绿"牌洋葱、"自然之星"牌有机甜脆玉米等6个农产品12次入选云南省"十大名品"。

四、创新"三个营销"工程，赋能品牌增值惠农

完善市场功能。打好"区域公用品牌+产品品牌+企业品牌"组合拳，

投资3亿元建设能禹蔬菜批发交易市场，引进永兴集团投资20亿元建设元谋果蔬博览城，全面提升蔬菜收购仓储、分拣包装、冷链运输、金融商住等市场功能。**健全管理机制**。成立元谋县产业投资集团，推进元谋蔬菜销售实现统一交易、统一检测、统一包装、统一结算、统一物流"五个统一"。**拓宽高端市场**。积极参加国内各类农产品展洽会、推介会，拓展北上广深、港澳和欧美、南亚、东南亚高端市场。通过持续举办元谋蔬菜节、云南元谋蔬菜种业博览会，持续扩大"元谋蔬菜"品牌市场效应，带动元谋蔬菜销往全国200多个大中城市和10多个国家与地区。

湖北省恩施土家族苗族自治州咸丰县
"三品一标"兴产业　白茶铸就致富路

湖北省咸丰县地处武陵山区，四季分明，气候温和，作为"世界硒都""鄂西林海"核心板块之一，是茶产业发展优势区。近年来，咸丰县认真贯彻党中央关于"品种培优、品质提升、品牌创建、标准化生产"的要求，围绕茶产业发展，从引种试验入手培优品种，按标准化种植建绿基地，工业化生产提升品质，区域化创建"唐崖茶"公共品牌，破解茶产业低产低效问题，探索出一条茶树良种化、茶园生态化、生产标准化、产品品牌化的茶产业高质量发展新路子。建成茶园基地28.3万亩，共有加工企业125家，年产干茶1.2万吨，实现产值18.6亿元。

一、聚焦政策促动，推进"三品一标"

强化组织领导。咸丰县围绕"推动落实"，成立咸丰县农业生产"三品一标"提升行动工作领导小组，建立工作专班，定期进行工作调度，确保"三品一标"工作迅速落实。**强化政策支持**。印发《咸丰县农业生产"三品一标"提升行动实施方案》，确保农业新品种推广、农产品品质提升、农业品牌建设有序推进。发布《咸丰县茶叶产业发展"十四五"规划》《咸丰县茶产业链实施方案》等政策方案推动工作落实。**强化资金保障**。每年统筹财政资金1000万元用于茶产业链建设，推进茶叶新品种选育、茶叶品质提升、县域茶叶品牌推广、产品标准化生产。形成政府搭台，企业、农户参与，多方协调推动"三品一标"工作落实的格局。

二、聚焦自然优势，优化茶树品种

培育优势品种。通过引种试验，育繁推广，积极培育发展适合咸丰气候条件的白叶1号、龙井13、楮叶齐等优良茶树品种，建成茶园基地28.3万亩。2022年全县收购鲜叶5.7万吨，茶农实现收入11.5亿元，生产干茶1.17万吨、产值18.6亿元。**扩大良种种植范围**。在全县确立3个白茶重点种植区，建设白茶基地近15万亩，占全县茶叶基地50%，白茶种植面积居湖北省第一位，成功创建中国富硒白茶县、中国白茶产业发展示范县。**发挥品种带农增收作用**。咸丰白茶"叶嫩色匀冲成朵，脉翠鲜亮香四溢"，具有"高氨低酚"的特点，富含硒、锶等矿物质，质优价高，每千克批发价达2000～2400元，带动农户亩均增收近万元。

三、聚焦绿色发展，加强科技创新

推广绿色生产技术。 创建国家果菜茶（茶叶）有机肥替代化肥试点县，大力推广"茶—沼—畜""有机肥＋测土配方肥""有机肥＋水肥一体化"等模式，减少化肥用量30%以上，建成茶叶有机肥替代化肥示范基地12万亩，茶园有机质提升2.9%，全县茶叶基地实现绿色防控全覆盖。深入推广"去夏增春 提质增效"绿色集成生产模式，实现春茶增收20%以上。**加强产品认证力度。** 认证绿色有机茶园12万亩，成功创建"国家级农产品（茶叶）质量安全出口示范区""全国有机农业（茶叶）示范基地""绿色食品原料（茶叶）标准化生产基地""中国茶业百强县"。**建设农产品溯源体系。** 全县45家茶叶生产主体入驻国家农产品质量安全追溯管理信息平台，配发"合格证＋追溯"智能化打码设备，实现白茶产品全程可追溯。

四、聚焦世遗文化，强化品牌打造

挖掘世遗茶文化。 充分挖掘茶诗、茶谜、茶令、茶歌、茶戏等茶文化，探索茶文化与世遗文化、土苗文化、红色文化以及自然山水文化等相融共生的内涵，让茶叶真正成为一片有文化的神奇树叶。**创建"唐崖茶"区域公共**

品牌。整合全县茶叶品牌和商标,打造"唐崖茶"区域公共品牌,咸丰县茶叶协会作为品牌实施管理主体,统一管理"唐崖茶"商标LOGO、标识、广告语,授权64家企业使用。**扩大"唐崖茶"知名度**。成功举办"唐崖茗香 硒引天下"第一届"来咸丰·庆丰年"采茶节活动和黄金洞乡硒茶文化活动,通过CCTV-7、农民日报等媒体广泛宣传推介,"唐崖茶"这块金字招牌越擦越亮。2019年,"唐崖茶"被评为"湖北省20强农产品区域公共品牌",2020年获得国家农产品地理标志认证。

五、聚焦主体培育,推动标准化生产

强化支持力度。制定《咸丰县支持产业发展的若干政策措施》《咸丰县推进茶叶产业发展扶持奖励办法》,支持全县125家茶叶加工企业技改扩能、市场拓展。**建严管控机制**。在茶叶行业领域全面推进"三查一检"四本档案制度,完善农药进货销售台账,严管禁限用农药在茶园施用,推进茶叶统防统治和茶园托管等生产模式,保障农产品质量安全。**强化标准化生产**。深入实施家庭农场培育计划,采取"公司+基地+农户"模式,统一进行茶园肥药管理、采摘,带动农户标准化生产,实现标准化生产、加工、营销。

培优一粒种子　筑牢粮食安全底线

襄州区位于湖北省西北部、汉水中游，南阳盆地南缘，粮食总产常年稳定在125万吨以上，每年为国家提供商品粮100万吨，是全国粮食生产先进县、全国县域农业农村信息化发展先进县、全国农作物病虫害专业化"统防统治百强县"。近年来，通过政府推动、市场拉动、企业带动，大力实施人才引进、校企联合，品种培优成效明显，种业品牌效应不断增强，2022年被农业农村部认定为全国小麦制种大县。

一、健全推进机制，强化要素保障

加强组织领导。把现代种业纳入全区农业重点任务，由区主要领导担任链长，农业农村、农技推广、财政金融部门为成员，从组织、政策、资金、技术等方面全方位扶持。**强化资金扶持**。区财政每年投入资金2000万元，培育扶持龙头企业，截至目前，累计为种业企业减免税费6813万元，发放奖补资金1423万元。**创新金融支持**。率先在全省范围内开展农村金融创新服务试点，两年来为涉农企业和新型经营主体累计争取金融贷款2.4亿元、贴息贷款6011万元。

二、强化科技支撑，推动良种选育

搭建科研平台。支持襄阳正大种业、扶轮农业、腾龙种业等种业企业与

9家科研院所，联合打造小麦高产攻关技术研究基地、新品种展示示范基地等5大基地，共建科研教学试验基地、智慧农业、双水双绿等六大科研示范基地，强化科技创新和协同攻关，实现从土壤到餐桌"种、养、加、销"循环农业产业化链条。**强化科研合作**。探索构建校院地三方合作共建新型农业科技服务体系，共建院士专家工作站6个，建成国家级小麦区域试验站1个。开展种业关键技术攻关，保护利用种质资源5000多个。投入资金4000多万元，建成千亩智慧农业示范基地，开展玉米品种选育和智慧农业应用示范，以科技赋能助推种业产业发展。**加强育种创新**。对接优势科研院所和种业企业，引进优良种质资源、加强本地种质资源收集整理和开发应用，全面提升良种增产潜力。累计选育并通过审定小麦新品种25个，玉米新品种71个，其他植物新品种2个。

三、注重主体培育，推广良种良法

　　建设良种基地。依托全区1363个农民合作社、745个家庭农场和有关农

业龙头企业，通过政策引导、项目带动、产业扶持、技术示范等多种形式，形成"区有示范基地、镇有示范样板、村有示范主体"格局。辖区每年种子生产面积达40万亩以上，产能保持在1.2亿千克以上。每年在甘肃、山西、河南等地生产玉米、小麦、小杂粮作物种子面积20多万亩，确保优质种子稳定供给。**培育种业主体**。加大招商力度，整合惠企政策，吸引高质种业企业入驻，招引一批符合本地种植业发展特色的企业落户襄州。加强对本土企业发展扶持引导，累计培育种业企业12家，其中育繁推一体化（A证）企业2家。**推广良种良法**。鼓励新型经营主体联合育种企业，每年推广小麦、水稻、玉米等优质品种20个以上，落实高效模式示范面积200万亩以上，开展技术试验示范20多项，其中小麦绿色高质高效推广面积超过130万亩。加强农业适用新技术推广应用，促进植物疫苗以及华麦1168、华薯1号等自主选育品种在全国30个省份推广应用。

湖南省衡阳市衡阳县
实施"三品一标"行动　创造致富增收好"鸡"会

衡阳县位于湖南省衡阳市西北部、湘江中游，素有"鱼米之乡"之称，是我国南方重要的商品粮生产基地。湘黄鸡产业是衡阳县主导特色产业、产业帮扶重点项目和农民增收重要渠道。近年来，衡阳县全链推进湘黄鸡产业"三品一标"建设，形成了繁育孵化、养殖加工、冷鲜流通和休闲美食等全产业链深度融合的发展格局。2022年，全县出笼湘黄鸡1800万羽、孵售鸡苗1亿羽、加工禽蛋产品9.5万吨以上，综合产值接近40亿元，为全县百万群众提供了增收致富好"鸡"会。

一、"三方发力"探索新机制

政策支持发力。制定出台《衡阳县"湘黄鸡"产业发展五年行动方案（2021—2025年）》，明确湘黄鸡产业发展目标、支持政策和重点任务，县财政每年安排专项资金600万元奖补农业生产"三品一标"示范主体。**协会服务助力**。成立衡阳县湘黄鸡产业协会，发挥协会"六联六对接"作用（联政府部门对接政策信息、联科研团队对接前沿技术、联龙头企业对接产销订单、联金融部门对接互保贷款、联村集体组织对接脱贫户帮扶、联会员散户对接标准化生产），带动3万户小农户开展产业化经营，每年向脱贫户免费发放鸡苗100万羽以上。**主体抱团聚力**。以"公司+基地+大户""合作社+村集体组织+散户（脱贫户）"等方式组建农业产业化联合体，形成"龙

头企业主体、合作社（大户）主力、村集体经济组织主推、脱贫户全链受益"的联农带农稳定机制。全县创建湘黄鸡产业联合体4个，集结1万羽以上规模养殖户733户、5万羽以上养殖大户47户。

二、协同作战育出好品种

"繁、育、推"协同推进。采取"内联外引、土洋结合、多路并发"策略，多方向、梯次式引进育种技术团队，整合湘黄鸡种质资源、育种场地、育种人才和设施设备等资源，边扩繁边选育边试推、先自养再示范后推广，最大限度提升品种选育保育效率。**多团队协同育种**。引进华南农业大学、湖南农业大学、湖南师范大学3个动物遗传育种博士团队17人，整合本地有15年以上种鸡养殖经验的"农民专家"45人，分别与3个祖代种鸡场组成湘黄鸡保种选育课题组，每个课题组分片对接若干种鸡养殖户，建成湘黄鸡祖代育种场（户）21个，372个家系、种用鸡40万羽。**优良特性协同提升**。搜集纯种湘黄鸡种鸡18余万套，采用基因组学、分子技术等，在保存湘黄鸡原种鸡特性的基础上开发湘黄鸡新品系，蛋鸡综合产蛋率提升20%以上，肉鸡平均体重提高约0.25千克、料肉比降低5%以上。

三、严格监管创出高品质

制标创标，标准化生产。编制发布湘黄鸡种鸡饲养管理、商品鸡饲养管理、兽医使用、疾病诊断技术规程4个地方标准，通过集中培训、现场观摩、巡回交流等方式进行全覆盖推广。将项目支持与经营主体标准化生产挂钩，建设全链条标准化生产示范点129个，带动散户开展全链条、全过程标准化生产，湘黄鸡产业标准化生产率达75%，其中1万羽以上规模养殖户标准化生产率达100%。**负面清单，全程化监管。**发布湘黄鸡养殖加工负面行为清单，研发推广应用生物发酵饲料、肉鸡肠道益生菌剂、肉鸡病害防治菌剂等"无抗"投入品，推行"清单式＋责任制"双管齐下监管模式，压实养殖户和监管部门责任，实现农产品"互联网＋监管"全覆盖，近年来湘黄鸡产品质量安全抽查合格率达100%。**赋码标识，数字化管理。**开发区块链溯源、合格证管理、品牌管理、供应链管理和数字营销等管理系统，强化对湘黄鸡品牌授权、过程监管、质量追溯、市场运营等的全域、全程可视化监管。全县规模以上湘黄鸡基地全部纳入农产品质量追溯平台管理，首批10个示范基地的所有鸡苗挂脚环或翅牌赋码标识，实现"一鸡一码、带码上市、扫码溯源"。

四、宣传营销打造大品牌

加强宣传推介。建成"一县一特"湘黄鸡展示基地、"地标品牌"博物馆，借助油菜花节、中国农民丰收节、非遗宣传等活动组织湘黄鸡产品展示展销会，举办湘黄鸡主题摄影大赛、直播带货大赛、厨神争霸赛、创新创业大赛等，"以节引流、以赛促销"。**拓宽营销渠道。**在湖南省7个市（州）和北京、广东、江西等省份设立湘黄鸡直营店或展销专柜57处，授牌50家衡阳湘黄鸡特色餐饮经营店。建成衡阳县电商产业园和117个农村电商点，培育头部主播11人，湘黄鸡线上线下营销渠道不断拓展。**强化品牌打造。**衡阳湘黄鸡被认证为国家地理标志产品，入选2022年"味道湖南"30道招牌菜的金牌食材。近3年，全县新增农业产业化龙头企业7个、产品9个，"三品一标"产品年产量达4万吨以上。

广东省肇庆市鼎湖区
标准化生产助推渔业提档升级

　　肇庆市鼎湖区位于广东省中部偏西、西江下游，被誉为"大湾区最美绿洲"，是粤港澳大湾区水产养殖业集聚发展的代表地区之一。全区现拥有水产养殖面积7万余亩，全年养殖水产品规模达4.2万吨、产值达8.9亿元，现有文罗鲤、肇实2个国家地理标志产品和6个全国名特优新农产品。近年来，鼎湖区以标准化生产为抓手，大力推广集装箱养鱼、数字化"一键式"养鱼模式，构建绿色养殖、技术研发、休闲旅游等多产业协同发展的现代化渔业发展体系，助推渔业提档升级，打造绿色智慧渔业样板。

一、强化科技创新，破解绿色生产难题

开展关键技术攻关。加强与中国农业大学、中国科学院水生生物研究所等院所的合作，开展受控式养殖系统构建、高密度适养品种培育、"高能低氮"饲料研发、养殖尾水高效净化、水产品品质提升等攻关，荣获范蠡科学技术奖科技进步类一等奖和神农中华农业科技奖三等奖。**促进技术成果转化。**推广"基地＋科研机构＋公司＋农户"和"公司＋基地＋农户"养殖模式，探索形成"集装箱式水产养殖＋芡实立体种植"标准化新技术，相关技术成果连续3年被农业农村部列为"十项重大引领性农业技术"，引领带动6000多亩池塘标准化生产。**推广健康养殖装备。**充分利用现代渔业设施装备，推动养殖标准化、经营品牌化、产品生态化、质量可追溯，养殖环境质量明显改善，养殖尾水达标率达90%以上。

二、完善标准体系，保障农产品质量安全

强化标准制定。先后制定《陆基推水集装箱式水产养殖技术规范通则》《陆基推水集装箱式水产养殖技术规程大口黑鲈》等行业标准，以及《地理标志产品文㞆鲤》《地理标志产品文㞆鲩》等地方标准，累计颁布相关政策法规5项，发布企业标准100余项。

推动按标生产。创建国家级水产养殖标准化示范区1个、广东省现代农业全产业链标准化示范基地1个，推广新型养殖技术3项，示范带动200多家养殖主体进行标准化生产。**加强安全监管。**建立广东省首批水产品质量安全"智

检小站",构建"一品一码"追溯管理平台,健全覆盖全程的水产品质量安全监管体系,配套完善食用农产品承诺达标合格证制度,全区水产品质量安全抽检合格率达99%以上。

三、强化标准宣贯,促进农业标准化生产

加强基地建设。成功创建水产省级现代农业产业园,改变传统落后的养殖模式,全域推进农业标准化生产、产业化经营。全区累计完成2万余亩传统鱼塘标准化生产升级改造,建成12个标准化养殖基地,实现年养殖水产品产量4.2万吨。**加大宣传培训**。采用现场观摩、举办培训班、微信公众号等线上线下相结合的方式,宣传推介标准化生产技术和新型标准化养殖模式,年发放标准化技术资料5000余份,培训养殖农户、农技推广人员、新型农业经营主体2万人次。**推动以标促产**。引导当地农民积极参与鱼苗标粗、水产品加工、物流配送等,发展水产品初、深加工和文旅休闲等产业,全年水产品加工规模突破2万吨。

广西壮族自治区玉林市陆川县
高标准助力高质量　科技创新培育陆川猪

陆川县位于广西东南部，是传统农业大县，有陆川猪、陆川橘红、珊罗米酒、谢鲁淮山等特色农产品，其中陆川猪是"中国八大良种猪"之一，也是亚洲首个具有"超清基因图谱"的家猪品种。全县年生猪出栏112.51万头，总产值占陆川农业总产值的84.21%。近年来，陆川县高度重视陆川猪生产与保种工作，持续完善陆川猪群体系谱，推广"益生菌+高架床"生态养殖模式，推动生猪产业转型升级。

一、拓展产业链条，提升质量效益

构建全产业链生产体系。强化政银企对接合作，协同创立陆川猪产业发展集团，集聚分散养殖、加工、经营等相关企业优势资源，推行统一品牌、统一价格、统一经营的"三统一"模式，加快延伸陆川猪全产业链条。**推进设施改造升级**。推行"高架网床+微生物"养殖模式，累计投入300万元用于猪舍改建、品种更新换代、防疫设备和排污等基础设施建设，保证提升陆川猪产品品质。引导企业着力引进国内外先进加工设备，不断提升产品加工工艺水平。**加大信息技术应用**。搭建陆川猪肉制品大数据平台，推动建立信息平台、交易中心、电子商务平台、物流中心，实现生产经营记录电子化，持续保障猪产品稳产增效，销售额同比增长100%。

二、健全标准体系，推动高质量发展

健全标准体系。制定《农产品地理标志质量控制技术规范—陆川猪》《陆川猪养殖技术规程》《陆川猪种猪饲养管理技术规范》等标准，统一规范陆川猪养殖环境、饲养管理、疫病防控、生产记录等，以标准化养殖提升产品质量。**推动示范建设**。大力实施"陆川猪养殖标准示范区"项目，全县建成3个陆川猪核心生产基地，认证生态养殖场223家、国家级标准化示范场6家，推动标准化养殖，引导企业走养殖、深加工、销售全产业链发展道路。**创新经营模式**。整合优势资源，推行"聚集区+企业+村集体+农户"经营模式，辐射带动农户1000人以上，实现聚集区、企业、村集体、农户、社会"五方共赢"，带动本地生猪养殖户户均增收约1万元。

三、强化品牌推介，扩大品牌知名度

注重品牌打造。制定陆川猪公用品牌发展规划，确定品牌定位、品牌口号、品牌形象、品牌文化、品牌个性。2022年，"陆川猪"荣登中国品牌价值评价区域品牌（地理标志）百强榜，获评"中国著名品牌""中国优质产品""广西优质产品品牌"，品牌价值达32亿元。**强化品牌宣传**。举办陆川猪线上文化节，建设陆川猪文化长廊，在北京召开陆川猪品牌新闻发布会，拍摄陆川猪品牌宣传片，开通陆川猪抖音官方号、微信公众号等，广泛宣传陆川猪品牌，扩大品牌影响力。**拓宽营销渠道**。组织企业参加中国绿色食品博览会、中国—东盟博览会等各类展会，搭建企业展示展销、洽谈签约项目、行业合作交流平台，扩大陆川猪及肉干、肉脯等40余种产品销路。

广西壮族自治区钦州市灵山县
"三品一标"齐发力 共话魅"荔"灵山新未来

　　灵山县地处广西南部，濒临北部湾，是著名的"中国荔枝之乡"。全县荔枝种植面积41.5万亩，产量达16.8万吨，年总产值达17亿元。灵山荔枝获国家地理标志保护产品和农业农村部农产品地理标志登记双认证，列入全国名特优新农产品目录，入选中国农业品牌农产品区域公用品牌。近年来，灵山县围绕集成推广荔枝新品种、新技术、新模式，打造集示范园创建、精深加工、产品销售、品牌提升、文化旅游等环节于一体的荔枝产业链，千年荔乡吹响产业高质量发展号角。

一、发挥种质资源优势,推动品种培优

强化种质资源保护。积极申报种质资源保护工程、现代产业园区等项目,建设200多亩汇集400多个品种的荔枝种质资源保护示范园,被认定为自治区级种质资源圃,荔枝优良种质资源保护水平不断提升。**强化品种创新**。与广西农业科学院等单位联合创建灵山荔枝试验站(点),开展品种嫁接试验,优选嫁接品种,通过对比试验、品质鉴定确定主推品种,不断优化荔枝品种结构,桂早荔通过国家新品种审定。**强化品种改良推广**。建成1个连片1万亩以上的核心荔枝生产示范区、600多个规模标准化种植园,引进红绣球、红珍珠、仙进奉、红灯笼等22个荔枝新品种,推广桂味等主栽品种8个,开展灵山香荔老树高接换种技术改造,持续推动荔枝品种改良。

二、强化关键技术支撑,促进技术改良

开发绿色技术。创新研发荔枝"光驱避"绿色防控技术,被列为自治区2020年十大推广技术,编制《荔枝蛀蒂虫光驱避防控技术规程》,并在全县2万多亩果园推广应用。**推行标准化生产**。制定《灵山荔枝生产技术规程》,每年开展生产经营主体按标生产培训2800人次,加强标准实施应用和示范推广,促进规模化、标准化、绿色化生产。**加快发展数字农业**。建设数字化果园,引入人工智能互联网管理平台,配备水肥一体化系统、虫情灯、孢子仪等设备,采用数字化技术获取农业生产大数据,破解荔枝生产"大小年"难题。

三、强化质量监管追溯,确保产品品质

规范标志授权使用。扩大"灵山荔枝"地理标志农产品授权用标主体规模,推行食用农产品承诺达标合格证制度,建立健全质量标识和可追溯管理

体系，实现荔枝带标上市。**严格生产档案管理。**建立生产经营主体目录和全程质量安全管控档案，接入广西农产品质量安全监管平台和国家农产品质量安全追溯信息平台，通过智慧生产、营销、监管、服务等信息化管理手段，提高产品认定、监管、维权、服务水平。

强化质量安全监管。建成灵山荔枝种植数据监测平台，将辖区60多家规模种植生产单位纳入平台监管，实行生产全程管理，完善荔枝质量控制体系，定期开展产品品质检测，推行产品"一证一码"，实现荔枝产品身份标识化、生产数字化和全程可溯源。

四、创新品牌营销模式，扩大品牌影响

打造区域特色品牌。举办灵山荔枝品牌战略发布推介会，组织参加中国国际农产品交易会、中国绿色食品博览会、中国—东盟博览会等行业展会，创新开展中国优质荔枝擂台赛、灵山荔枝节等活动，不断扩大品牌影响力。**巩固线下营销渠道。**以三科农商城为中心，充分发挥商业企业、流通组织、经营能人作用，辐射带动37个水果购销市场、2530个收购交易点开展线下销售，构建全域营销矩阵。培育多家荔枝出口生产基地，推动灵山荔枝出口远销加拿大、马来西亚、新加坡等国家。**拓宽网上销售渠道。**对接淘宝、天猫、京东、盒马鲜生等大型电商平台，组织网红"巧妇九妹"和千年荔缘等300多家电商企业、508个电商服务点进行线上销售，线上荔枝销售总量达30多万千克，销售额达5000多万元。

全链条把控品质　多维度提升芒果效益

崖州区位于三亚市西部，是热带水果生长的宝地，也是三亚市热带水果重要生产基地。近年来，崖州区围绕芒果品种选育、产品种植、质量管控等关键环节，实施标准化生产、品质化提升、标志化管理、品牌化消费四大品控行动，全链条把控芒果品质。通过采用农旅融合、"互联网+"等推广营销措施，持续拓宽销售渠道，多维度提升三亚芒果品牌价值，推动三亚芒果从产品经济向品牌经济方向转型。

一、统筹资源要素，凝聚工作合力

政府主动靠前。成立由区长担任组长，部门和乡镇主要负责人为成员的芒果"三品一标"工作领导小组，出台工作方案，集聚资源要素，层层落实责任，加强进展调度，形成齐抓共管、合力推进崖州芒果产业发展的局面。**加强政策支持**。出台"三品一标"奖励政策，每年对农业标准化基地、农产品质量认证、农产品品牌创建、农产品营销推介等项目给予1万～5万元奖励。制定芒果分拣包装和保鲜农业配套设施项目补贴政策，对实施项目给予投资额30%的补贴。**强化人才支撑**。探索"农业+科技+博士村主任"发展模式，从海南省崖州湾种子实验室等11所科研院所聘任122名博士人才，组成17个"博士村主任"工作队衔接17个村，开展生产指导、技术服务、产业合作，提供芒果产业人才支撑。

二、突出关键节点，实施全程管控

加强良种选育。依托中国热带农业科学院、南京农业大学等科研院所，构建芒果"五步育种法"技术体系，解决了芒果主栽品种单一、早中晚熟品种搭配不够合理、抗病能力不足等问题。**推行按标生产**。实施标准工序、标准生产周期、标准用工、标准施肥用药等措施，建立三亚芒果最优品控秩序。建设31家芒果种植标准化示范基地，5家基地被认定为农业农村部热带作物标准化示范基地。**强化田间管理**。开展芒果农药、化肥替代增效行动，推广生物防虫、物理防虫技术，推行芒果自然成熟采摘制度，保证芒果成熟度和新鲜度，使含糖量提升至16 ~ 21白利度，比同类芒果高20%以上。

三、加强质量监管，严把品质关口

健全监管网络。组建芒果生产安检员队伍，加强芒果生产管理巡查。与芒果种植户签订安全生产承诺书，落实生产主体责任。加强芒果质量安全监测，实现种植基地全覆盖，确保检测合格后采摘上市。**完善监管制度**。建立健全芒果质量安全网格化管理制度、农药监管制度、生产主体责任制度、凭证出岛制度、专用标志使用登记和备案制度"五个制度",从源头到市场全程把控产品质量安全。**推动智慧管理**。支持企业加大对智慧农业设施升级改造,依托种植业生产、服务数据管理系统等信息化手段,为农业生产提供全方位信息化服务。构建农产品质量安全全程溯源系统,实现芒果生产全流程追溯。

四、强化宣传推介,打造知名品牌

讲好品牌故事。以建设海南自贸港为契机,将品牌文化与地区文化建设相结合,将民俗文化内涵融入品牌,通过客户游园、采摘、民俗活动等形式,推动体验式品牌宣传。芒果品牌获得"全国名优果品区域公共品牌""最具影响力品牌"等荣誉称号。**拓宽营销渠道**。积极参加德国柏林国际水果蔬菜展览会、意大利里米尼果蔬博览会等影响力较大的国际果蔬农业盛会,扩大合作意向;引入"辛选"直播平台,加快芒果线上销售网络布局;入驻盒马鲜生、百果园等线下连锁商超,出口远销加拿大、瑞士等多个国家。**加强品牌保护**。联合市场部门开展专项执法检查,严厉查处盗用冒用地标专用标志、地理证明商标等违法违规行为;加大线上侵权违法行为监管,严查地理标志侵权违法行为,维护芒果品牌形象。

四川省广元市苍溪县
建立"五大协同"机制　助力红心猕猴桃产业绿色发展

苍溪县地处四川盆地北缘、秦巴山脉南麓、嘉陵江中游，是世界红心猕猴桃原产保护地，先后被评为国家级出口猕猴桃质量安全示范区、国家现代农业产业园、中国猕猴桃特色农产品优势区。全县红心猕猴桃种植面积达39.5万亩，综合产值达60.66亿元。近年来，全县通过建立"五大协同"机制，扎实推进标准化生产、品种培优、品质提升和品牌打造，全面提升红心猕猴桃质量效益和竞争力。

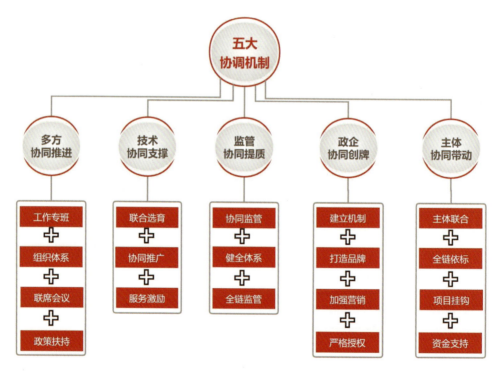

一、建立多方协同推进机制，凝聚推动工作合力

强化组织层面推动。成立由党委、政府主要领导任双组长的"三品一标"工作领导小组，创新"政府+经营主体+社会监督"组织体系和联席会议制度，建立工作专班、专项方案、专项资金、专项调度、专项考核"五专"推进机制，强化统筹协调、合力推进。严格实行"清单制+责任制"，将农业生产"三品一标"工作纳入全市实施乡村振兴战略实绩考核内容，强化奖惩激励和问责问效。**强化政策层面促动**。先后出台扶持政策23条，对培育优质品种、改良产品品质、实施按标生产的科研院所、龙头企业等生产经营主体，在设施用地、财政奖补、金融扶持、人才培育等方面予以专项政策支持，对成功申报中国驰名商标、地理标志农产品的主体给予一次性奖励。**强化平台层面带动**。创新建立技术咨询、社会化服务、质量安全监管、投资融资四大服务平台，统筹开展标准化生产、良种繁育推广、农产品品质提升、品牌创建营销等技术咨询和社会化服务，带动特色产业高质量发展。

二、建立技术协同支撑机制，加快推进品种培优

推动种质资源保护。统筹整合项目资金，大力推动科研院所与企业联合，开展种质资源普查和保护，支持企业建设苍溪红心猕猴桃种质资源圃，建成国家级野生猕猴桃保护基地和全国最大的红心猕猴桃基因库，收集保存猕猴桃优势特色品种资源1600余份。**推进品种创新攻关**。组建"政府+科研院所+企业"红心猕猴桃品种选育联合体和产业技术联盟，引进农业院士专家52人，建成种业创新研究院7个、良种培育选育田间试验站10个，先后选育红心猕猴桃系列优质新品种5个，获国家专利和省级以上科技创新奖18项。**推广繁育优良品种**。创新一个首席专家、一个示范基地、一套技术模式、一支推广团队、一村一名田间医生"五个一"技术协同推广模式，创新

"科研院所＋企业"共建共享良种推广繁育机制，建立"技术入股＋超产分红"等技术服务激励机制，建成国家级区域性良种繁育基地。

三、建立监管协同提质机制，提高特色农产品品质

加强农产品质量安全监管。全面落实网格化监管，建立食用农产品生产经营主体档案804家。全面推行食用农产品承诺达标合格证制度，培育合格证出具标杆企业45家，合格证入市查验示范点13个，全年出具合格证27.4万张。建成农残快检室31个，省级农产品质量安全监测合格率连续3年达98%以上。强化农业投入品管控。推行"肥药两制"改革，依法实施农业投入品登记许可，加快生物有机肥和高效低毒低残留农药、兽药推广使用，推广化肥机械深施、种肥同播、水肥一体等技术，严厉打击使用禁限用农药行为，绿色防控推广面积占比达51.97%。狠抓产地环境管治。健全县、乡、村3级产地环境管理治理体系，压紧压实产地环境保护属地监管责任，推进农业面源污染治理，实施污染土壤分类治理工程，持续加强畜禽粪污、农作物秸秆、废弃农膜等农业废弃物资源化利用，利用率分别达96%、93%、89.7%。

四、建立政企协同创牌机制，擦亮"广字号"农产品招牌

建立品牌创新培育机制。探索建立政府、企业"双向协同"品牌创建机制，强化"一县一特"知名区域品牌、"一产一特"特色产品品牌、"一企一特"企业名优品牌联创机制，打造苍溪红心猕猴桃区域公用品牌，获得国家级金奖9个，品牌价值达81亿元。**完善品牌"双线"营销机制。**大力推行"电商＋微商＋经销商""网络平台＋超市＋专直销店"等"线上＋线下"双线组合模式，不断拓展特色农产品品牌在国内外的知名度和市场占有率，苍溪红心猕猴桃已销往21个国家、地区和全国各大、中城市。**强化品牌保护监管机制。**建立品牌失信惩戒机制，健全完善优质农产品品牌使用、授权、审核、评价、登记、注册等制度，严厉打击假冒品牌违法行为，依法维护生产者和消费者合法权益。

五、建立主体协同带动机制，推进全链标准化生产

开展标准体系创建行动。支持行业主管部门和各类生产经营主体按要求申报编制国家标准、行业标准、地方标准和团体标准，制定苍溪红心猕猴桃绿色有机生产地方标准5个。**开展全链标准化示范行动。**组建产业化联合体和农民合作社联合体，开展标准化生产"大比武"，将项目支持与经营主体标准化生产挂钩，优先安排财政项目资金给予扶持，带动各类主体和小农户开展全链、全程标准化生产示范。**开展绿色有机认证行动。**用好脱贫过渡期免除绿色食品认证费、标志使用费等优惠政策，持续落实绿色食品、有机农产品认证奖补。目前，绿色食品、有机农产品认证面积占比达65%，认证绿色食品原料标准化生产基地10万亩，建成万亩种养结合标准化生产示范基地24个，加工贮运、冷链物流等标准化生产管理示范企业53个。

四川省成都市邛崃市
聚力品质提升　打造"天府粮仓"

邛崃市地处成都平原西南部，位于成都市"半小时经济圈"，素有"天府南来第一州"的美誉，属都江堰精华灌区，土壤肥沃、四季分明、冬无严寒、夏无酷暑、雨量充沛、春季回暖早，适宜种植水稻、油菜等粮油作物，是国家级水稻制种大县、全国产粮大县、全国粮食生产先进集体和四川省粮油产业集群项目建设单位，建成国家级现代农业产业园——天府现代种业园。2022年粮油播种面积72.57万亩，总产量27.21万吨。近年来，邛崃市政府围绕"天府粮仓"建设，不断完善工作机制、夯实科技支撑、培强生产主体、落实监管，打造新时代更高水平的"天府粮仓"高效提质先导区。

一、建立保障机制，全力推动发展

加强组织领导。成立由市委、市政府主要领导任组长，相关部门、14个镇（街道）主要负责人为成员的领导小组。制定"天府粮仓"邛崃片区建设总体方案，将东部20万亩粮油产业园和中、西部9个万亩粮经复合产业片纳入"天府粮仓"成都片区布局。建立工作清单制、目标责任制，统筹推进"天府粮仓"建设。**强化人才支持**。引入首席科学家负责制，组建技术攻关团队，为推进产业发展贡献科技人才。选派高校、科研院所科技顾问，强化科技人才队伍建设，先后引育荃银高科等企业21家、科研团队10个、首席科学家和专业人才77名。**强化资金保障**。出台《邛崃市实施乡村振兴战略配套政策举措》等政策文件，近2年整合涉农资金10亿元以上，大力支持粮油

标准化生产基地、高标准农田建设等，助推邛崃粮油从品种培育、标准化生产、品质提升到品牌打造全产业链发展，其中投入约3亿元用于建设统防统治与绿色防控融合发展IPM（有害生物综合治理）示范区、研发推广生物防治等病虫害防控技术。

二、健全监管体系，确保品质优良

完善监测网络。全市14个镇（街道）配备249个村级协管员，建立市级检测中心和59个镇、村检测室，实现粮油产品监管、监测全覆盖，粮油产品抽检合格率达100%。**推行按标生产**。出台粮油种植行业规范5项，建成绿色食品原料（水稻、油菜、玉米）标准化生产基地66.5万亩，绿色食品认证面积45.6万亩。推进粮油全产业链标准化生产全覆盖，创新"两主体四中心"（生产经营主体和社会化服务主体，育秧中心、实训中心、烘干仓储中心和粮食加工中心）社会化服务模式，统防统治、绿色防控率达90%以上。**强化溯源管理**。落实追溯"七挂钩"等要求，规模主体100%开具承诺达标合格证，全部纳入农产品质量安全追溯管理系统，农产品质量安全追溯能力不断提升。

三、加大科技支撑，引领高质量发展

建强科研平台。整合各类资金近4亿元，新建四川省种质资源中心库，天府现代种业研究院，国家品种测试西南分中心，四川省种子质量检测中心、种业科创中心、种业实验中心和种业博览中心，构建"一库一院五中心"功能性种业科研平台。**联合科技攻关**。聚力种业"卡脖子"技术联合攻关，推动天府菜油新品种全产业链提质增效等8个科技成果转化。自主研发荣两优99、川康优2115等新品种35个，推广川康优丝苗、川油81等新品种，所产稻米垩白粒率和蛋白含量分别降低15%、8%以上，93.6%以上达到国家优质稻谷2级以上标准。**强化新技术推广**。推广微波压榨、绿色精炼等工艺技术，使菜籽油多酚、甾醇等含量提高至30%以上，苯并芘降低到检测限以下。加强与中国农业科学院、四川省农业科学院等科研院所合作，推广精准施肥、播栽期优调及分段机收等新技术36项，机械化率达86.95%。**推广优良品种**。建成杂交水稻制种基地8万亩，年产优质杂交稻种约530万千克。全域推广天府菜油、川康优2115等优质品种25万亩，应用率达96%，油菜、水稻每亩分别增产4千克、8千克，共增值1200万元。

四、着力培强主体，激发内生动力

培强生产主体。培育市级以上龙头企业42家，发展粮油种植专业合作社、家庭农场500家，种粮大户378户，粮油生产社会化服务组织90家。新兴粮油荣获"国家高新科技企业""国家应急保障企业""中国好粮油示范加工企业"等称号。**创新经营模式**。创建粮油产业化联合体，推行"龙头企业（行业协会）＋合作社＋家庭农场（农户）"联合体经营，带动广大农户共同发展，引育116家食品加工企业，开展新品种推广和原料深加工。**打造粮油品牌**。承办中国农民丰收节、中国鲜食玉米大会、天府国际种业博览会等论坛活动，培育系列优质粮油产品品牌，邛崃渔香米获得"上海大杯"全国稻田综合种养优质大米评比"最佳品质与口感奖"铜奖，新兴菜籽油系列产品获得第九届IEOE中国（北京）国际食用油产业博览会金奖，浓香型菜籽油销量占全国近三成市场份额。

良种先行"荣昌猪" 传统产业焕发新生机

重庆市荣昌区地处成渝经济区腹心地带，是以优良地方猪种荣昌猪为核心的中国特色农产品优势区。荣昌猪是"世界八大良种猪""中国三大优良地方猪"之一，被纳入国家生态原产地保护产品名单和国家级资源保护名录。近年来，全区立足荣昌猪资源保护和开发利用，聚焦品种培优，把握产品质量核心，着力塑造品牌，逐步形成品种、品牌、品质协同发展的现代畜牧业新格局。

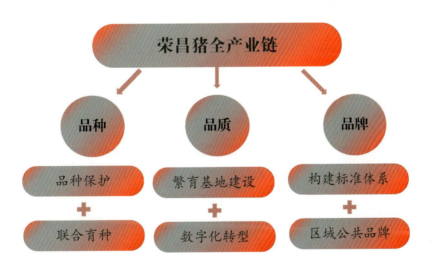

一、集聚资源要素，强化良种保障

加强组织领导。成立由区委、区政府主要负责人任组长的荣昌猪全产业链高质量发展工作领导小组，健全工作推进机制，将荣昌猪种业自主创新能

力和良种供给能力纳入工作考核范围。**加大财政支持**。研究出台荣昌猪产业发展支持政策，整合各级财政资金1.5亿元，有计划、有重点地支持荣昌猪保种育种、规模养殖、加工及品牌打造等。**创新金融产品**。开展"险资直投""生猪活体贷""保险+期货"险种和全生长周期保险等试点工作，创新荣昌猪种质保护、育肥猪繁育等金融产品及服务模式，解决产业发展资金需求。

二、突出品种优势，健全育种体系

加强品种保护。采取"保护与开发利用"并重的良繁体系，开展荣昌猪系谱登记、种质特性研究与评价等遗传资源保护工作，探索形成"基因库+保种场+保护区"开放式动态三级保种模式，建成国家重点区域级畜禽基因库和国家级荣昌猪保种场、保护区各1个，被纳入国家区域性生猪种业创新基地布局，保护荣昌母猪9467头、种公猪116头、血缘12个。**创新育种模式**。组织重庆市畜牧科学院、重庆市种猪场、琪泰养殖公司采取"科研院所+保种场+企业"方式组建科企联合体，构建荣昌猪核心育种群，开展荣昌猪品种选育和新品系培育，成功培育渝荣1号荣昌猪配套系，有效提升了产仔率、猪肉品质、生长性能等关键指标。**开展提纯复壮**。通过开展纯繁奖补，实施推广优质荣昌猪母猪、培育荣昌猪公猪等项目，率先建成西南地区标准化、智能化国家生猪核心育种场，年提供优质荣昌种猪4800头，定期对荣昌猪进行提纯复壮。

三、坚持标准引领，筑实产业链条

加快标准制定。创建荣昌猪全产业链标准体系，修订《荣昌猪》国家标准，制定并发布《荣昌猪母猪饲养标准》《荣昌猪养殖场生物安全技术规范》等荣昌猪繁育、饲养地方标准10个、企业标准6个。**做大产业联盟**。加强新型经营主体培育，支持龙头企业延长产业链，以"公司+集体

经济（合作社）+农户"的模式建立荣昌猪产业联盟，发挥产业联合带动作用，促进荣昌猪产业发展。**提升扩繁能力**。依托荣昌猪产业集群项目，新建存栏2400头的荣昌母猪扩繁场、年出栏3万头的育肥场、存栏4800头的母猪自繁自养保供基地、种猪成渝合作养殖示范场等，荣昌猪良种繁育水平显著提升。

四、塑造品牌形象，提升核心价值

强化品牌策划。做实品牌宣传推介，深挖荣昌猪品牌内涵，申报中国重要农业文化遗产、国家驰名商标，荣昌猪获得中国特色农产品优势区、中

国百强农产品区域公共品牌等荣誉。"荣牧"牌荣昌猪肉获得绿色食品、国家地理标志证明商标双认证，品牌价值达36.81亿元。**加强品牌保护**。成功注册29类（肉）和31类（活体）国家地理标志证明商标，制定《"荣昌猪及图"地理标志证明商标使用管理规则》，明确商标授权使用申报条件和要求，建立"有进有出"的地理商标使用动态管理机制。**强化数字监管**。依托国家生猪大数据中心建设，围绕智能养殖、数字监管、电子交易、智能消费、数字金融等环节，推动荣昌猪全产业链数字化升级，逐步形成地方猪种产业数字化"荣昌模式"。

贵州省黔西南布依族苗族自治州兴仁市
闭环管理提品质　小薏仁迈向大舞台

兴仁市地处贵州省西南部、黔西南州中部，是全国最大的薏仁米种植生产基地、东南亚最大的薏仁米加工及贸易中心。近年来，兴仁市围绕习近平总书记提出的"发展乡村特色产业，拓宽农民增收致富渠道"发展目标，创新工作举措，强化政策扶持，大力实施"兴仁薏仁米"产业品质、研发、项目、加工、品牌、文化和效益"七大提升工程"，逐步形成了薏农增收、企业增效、经济增长的产业协同发展格局。

一、加强政策统筹，汇聚工作合力

加强组织领导。建立由市政府主要领导任组长、市级部门及各乡（镇）主要负责人为成员的薏仁米产业发展领导小组，层层压实工作责任，明确产业发展目标，落实具体举措，统筹加强薏仁米产业发展工作。**强化政策支持**。制定出台《兴仁市薏仁米产业发展提质增效行动方案》，编制《兴仁市"十四五"薏仁米产业发展规划》，统筹布局薏仁米产业，实施薏仁米高产创建项目，鼓励龙头企业加快薏仁米精深加工、品牌建设、市场营销等，推动产业做大做强。**强化资金保障**。整合涉农资金、东西部协作资金、国家部委及省直部门帮扶资金，优先用于支持薏仁米生产发展需求。搭建金融机构、投资担保机构、薏仁行业主管部门、生产企业之间的信息互联互通平台，创新金融产品与融资模式，加大金融支持力度。

二、聚焦良种育推，推动品种培优

提升育种能力。加强与中国农业大学、贵州省农业科学院等科研院所合作，推动新品种组织培养、生长环境优化改善、质量监测和良种繁育基地建设，提升兴仁薏仁米科技育种和新产品研发能力。**引育优异品种。**收集整理薏仁米种质资源500余份，引进云南富薏2号、广西桂薏1号、台湾台中1号等薏仁优良品种，开展育苗试种、杂交科研，大力培育具有抗倒伏、耐旱、易脱粒、抗病及高产等特性的贵薏苡1号等新品种，薏仁米品种稳定性不断提升。**加大良种推广。**实施兴仁薏仁米地理标志农产品保护工程和薏仁米提质增效行动，建设薏仁良种繁育基地1万亩，年产优质良种3000吨以上。建设优质薏仁种子种苗交易市场，加大优良品种推广应用。

三、坚持产管并举，促进品质提升

推动按标生产。制定《地理标志产品 兴仁薏（苡）仁米》《贵州薏苡栽培技术规程》《薏苡仁米（粉）》等标准，成立标准化基地技术指导小组，实行一个技术人员对接一个基地，加强标准化生产技术推广应用，实现农户标准化生产技术应知应会。**加强质量管控**。开展绿色食品原料（薏苡）标准化生产基地创建，大力推进标准化基地配套基础设施建设、产业配套及副产物综合利用项目建设，建立健全基础设施、环境保护、投入品规范管理等"七大管理"体系，实现薏苡全程闭环管理和质量控制。**推行诚信管理**。采取政府部门监管、社会监督、行业自律和金融参与的管理模式，建立薏仁米生产经营企业诚信档案，督促企业诚实守信。制定失信行为举报制度，对守信企业进行奖励，对失信企业进行处罚，倒逼企业提升经营管理水平。

四、注重多维管护，助力品牌打造

　　健全品牌建设机制。大力实施基地品牌化、企业品牌化、产品品牌化"三位一体"品牌战略，构建一批各具特色的区域品牌和产品品牌。兴仁薏仁米先后获国家地理标志证明商标、中国驰名商标以及中国百强农业区域品牌、中国好粮油等称号。**完善品牌推广机制**。通过农产品展销会、博览会、推介会和旅游节庆等活动，利用互联网、报刊、广播电视等媒介，应用电商等平台加强兴仁薏仁米品牌营销，多元

化、多层次、多角度宣传推广薏仁产品和加工企业，提升企业及其产品品牌知名度。**建立品牌保护机制**。出台《"兴仁薏仁米"区域公共品牌标识标志使用管理办法（试行）》，规范品牌使用、授权、审核、评价等。以基地面积定量，以量定牌，统一标识标牌，加强贴牌监管。大力开展市场打假，严厉打击假冒品牌违法行为，依法保障生产者和消费者合法权益，维护"兴仁薏仁米"品牌荣誉。

西藏自治区林芝市工布江达县
强化科技支撑　藏香猪托起高原致富梦

　　工布江达县位于西藏自治区东南部、林芝市西部。工布江达县藏猪养殖历史悠久，藏猪产业是全县畜牧主导产业，是西藏唯一的国家级藏猪原种保护区。全县建成藏猪规模化养殖场4个、藏猪养殖合作社20家，养殖大户17个，藏猪存栏量6.8万头，养殖总量11.3万头，年产值达6.2亿元。近年来，全县聚焦"原种保护、保质增量、产业园区"关键环节，坚持政府推动、企业带动、基地联动、市场促动，拓展延伸藏猪产业链条，促进藏猪产业蓬勃发展。

一、强化支撑保障，完善发展政策

加强组织领导。成立由政府主要负责同志任组长、相关部门负责人任成员的"工布江达县藏猪"地理标志农产品保护工程领导小组，研究相关重大事项，指导督促完成各项工作任务，助力藏猪产业高质量发展。**健全政策体系**。制定工布江达藏猪产业发展工作方案，细化部门任务分工，压实工作责任。印发《工布江达县藏猪产业发展专项资金管理办法实施细则》，出台《工布江达县国家级藏猪遗传保护区（保种场）管理办法》，为全县藏猪产业发展提供制度保障。**加大资金投入**。发挥财政资金牵引撬动作用，成立藏猪产业发展扶持基金，通过短期、低息借贷方式，帮助藏猪规模养殖企业缓解资金短缺问题，累计向企业提供扶持资金900余万元。

二、强化科技创新，培优藏猪品种

强化种质资源保护。依托优势科研机构，推进国家级藏猪遗传资源保护场建设，年供应优质种猪2000头以上，确保全县藏猪的品种纯度和品质水平稳定。**加强全程技术服务**。引进科研人员19人，重点开展藏猪标准化养殖、藏猪生态养殖、藏猪产品研发、藏猪配套系培育等全程科技示范服务，为产业发展提供科技支撑。**强化高端产品研发**。与西藏农牧学院、西藏农业科学院签订战略合作协议，联合建立2个重点实验室，开发

藏猪高端发酵火腿等藏猪产品35种，不断丰富藏猪产品品类，促进产业规模化发展。

三、推行标准化养殖，保障质量安全

建设标准化养殖基地。整合产业发展资金6800万元，建设一批沟口养殖基地，改变传统养殖方式，提高疫病防控能力，促进藏猪养殖标准化。**推行标准化生产**。依托科技示范基地平台，推广藏猪养殖实用技术，培育藏猪养殖合作社带头人、养殖大户等330余人。通过"企业＋农户"组织方式，带动2283户养殖户发展标准化养殖。**推广生态养殖模式**。坚持"有充足阳光、有放养林地、有清洁饮用水、有天然屏障、有饲草种植基地"的"五有"标准，采取"统一提供仔猪、统一卫生防疫、统一养殖规程、统一质量标准、统一饲料供应"的"五统一"管理模式，打造一批生态养殖基地，确保藏猪品质不下降。

四、健全管理机制，加强品牌保护

健全品牌授权制度。制定出台《工布江达藏猪农产品地理标志授权使用管理办法》，促进工布江达藏猪地理标志农产品标识授权使用，有序扩大标识使用者范围，推动藏猪产品带标上市。**加大品牌建设力度**。支持9家企业逐步完善藏猪屠宰、加工、物流、产品研发、质量监管等产业链条，积极打造企业品牌，推动认证有机产品2个，工布江达藏猪登记为地理标志农产品，认证产品比重达81%。**强化品牌宣传营销**。积极参加区内外各类农产品博览会、交易会、品牌媒体推介会，加大"工布江达藏猪""沃野""藏鲜达"等地理标志商标和品牌宣传力度。依托兴农商城、扶贫"832"、"7+2"消费援藏中山门店平台销售特色农产品，实现专柜专销、直供直销。

陕西省商洛市柞水县
牢记嘱托创品牌 谱写木耳新篇章

柞水县地处陕西省南部、商洛市西部，因境内盛产柞树（耳树）而得名，素有"秦楚咽喉""终南首邑"之称，资源、区位、生态优势明显，是黑木耳的最佳适生区。近年来，柞水县牢记习近平总书记"小木耳、大产业"的殷殷嘱托，立足自然条件，结合资源禀赋，扎实推进品种培优、品质提升、品牌打造和标准化生产，采取"政府推动、企业参与、三级推进"思路，大力实施袋料木耳"1153"工程，着力打造柞水木耳品牌，实现木耳产业高质量发展。全县累计发展木耳2.52亿袋，产出干木耳1.21万吨，实现产值7.56亿元。

一、加大政策支持，强化品牌谋划

健全责任体系。成立以县委书记为第一组长、县长为组长的柞水县木耳产业高质量发展领导小组，组建木耳产业发展中心，建立各部门相互协作、上下协同作战的木耳产业高质量发展工作机制，统筹布局生产端、销售端、加工端、研发端等全链条发展举措，形成木耳产业全要素覆盖、全方位保障的责任体系。**加强政策创设**。出台《关于深入贯彻落实习近平总书记来陕考察重要讲话重要指示精神全面推进木耳产业高质量发展的决定》，编制《柞水木耳"十四五"发展规划》和《乡村振兴木耳产业发展战略实施规划》，出台《柞水木耳区域公用品牌三年行动计划和实施方案》《柞水木耳区域公用品牌保护管理办法》等系列文件，为柞水木耳产业发展指明方向。**强化要**

素支撑。县财政每年列支1000万元专项资金，支持木耳标准化基地建设、产品认证、品牌创建和宣传推介。对进行品种研发、品牌打造和按标生产的科研院校、龙头企业以及规模化种植经营主体等，在土地使用、项目资金、金融扶持、人才培养等方面给予支持。

二、创新平台支撑，推进品牌建设

　　搭建科技平台。引进吉林农业大学、西北农林科技大学等科研团队，搭建院士工作站、木耳技术研发中心、人才创业孵化平台和科技资源统筹中心等科技研发平台，全面完成"秦巴山木耳种质资源繁育与高产栽培关键技术研究"国家重点研发项目建设。引进52个高产优质木耳菌种进行品种筛选试验，成功选育柞水木耳优质菌种5个。**做强产品品牌**。积极引导农业生产经营主体开展农产品质量认证，累计认证有机农产品、绿色食品认证12个，良好农业规范2个，名特优新农产品1个，特质农产品2个，农产品地理标志1个。**打响区域品牌**。深度挖掘柞水木耳饮食、药用、历史等文化，统一设计制作柞水木耳品牌LOGO、品牌包装、宣传语，发布"柞水木耳"区域公用品牌，获评全国绿色农业十佳蔬菜地标品牌、中国农产品百强标志性品牌，

入选第十四届全运会官方特许商品。"小木耳、大产业"被习近平总书记多次点赞。

三、强化标准引领，维护品牌形象

推广应用标准。制订发布柞水木耳产品省级标准1个、栽培技术规程市级标准2个，逐步健全柞水木耳系列标准体系。创新标准推广模式，通过专题推广培训、编写标准明白卡等形式，推广木耳生产技术标准，确保标准知晓率、入户率达100%。

健全监管体系。加强木耳质量监测、追溯、诚信体系建设，建成县有木耳产品质量安全监管办、镇有监管站、村有监管员、企业有内检员的三级四层木耳监管（监测）体系。建立81家规模化木耳生产经营主体监管名录，全面落实食用农产品承诺达标合格证制度，确保"一批一码、一袋一码"，实现木耳产品"数字化""身份证"管理。**完善监管制度**。制定"一记录、两制度、三书"，推动企业认真贯彻《农产品生产过程记录》《柞水木耳标准化生产保障制度》《柞水木耳质量安全管理制度》《木耳产品质量安全告知书》《木耳生产质量安全承诺书》和《质量安全目标责任书》，加强对产品从生产前端至销售终端的全链条、无死角监管。

四、加大宣传营销，促进品牌增值

讲好品牌故事。编排《木耳花开》渔鼓情景剧，编写《柞水木耳赋》

《木耳之歌》《小木耳大产业》歌曲，制作《柞水木耳 秦岭珍馐》专题宣传片，在木耳生产核心区推行"木耳+旅游"融合发展模式，建设升级西川木耳博物馆、主题公园和特色小镇，以多种形式讲好柞水木耳品牌故事，实现三产融合多元增收。**加强品牌宣传**。举办全国食用菌发展大会、木耳产业发展论坛、木耳文化节、木耳招商大会等活动，加强"柞水木耳"品牌营销传播，利用抖音等平台全面推介以柞水木耳为主的农特产品，浏览量超过13亿次，短视频制作超过6万条；推动南京地铁4号线成为"柞水木耳号"品牌专列。**拓宽营销渠道**。建立"政府+合作社+农民+电商+网播"的五方联动营销机制，累计发展电商130余家，在省内外开办木耳产品专卖店41家，实现销售收入6.5亿元。打造金米、西川两个以木耳为主题的AAA级景区，累计接待游客84.85万人次，实现旅游收益9.05亿元。

育种繁种制种全链发力　小土豆迎来新"薯"光

定西市安定区地处甘肃省中部，属于黄土高原丘陵沟壑区，是典型的干旱半干旱地区，被农业农村部命名为"中国马铃薯之乡"。近年来，安定区将马铃薯产业作为区域经济发展的战略性主导产业和区域性首位产业，坚持政府、市场"两手"并用，突出企业、合作社、农户三方联动，狠抓良种扩繁、基地建设、精深加工、品牌营销4个关键环节，实施种薯、基地、产量、加工、仓储五大行动，加快推动马铃薯全产业链的高度融合发展。

一、抓源头提品质，推动良种繁育体系化

重引进，培育良种。 依托定西市农业科学院等科研院所和重点种薯企业，打造国家级现代种薯产业示范园，推行"育繁推"一体化商业育种模式，培育、引进、筛选一批适应性广、抗逆性强、适销对路的淀粉、全粉和主食化种薯新品种，使良种育繁水平不断提升。**强企业，扩繁良种。** 实施种薯产业升级工程，培育壮大爱兰薯业、凯凯农科等种薯企业19家，推动脱毒、组培、快繁实现规模化、工厂化，脱毒种薯全覆盖，建成原种基地4万亩以上、一级种基地40万亩以上，优质脱毒种薯年生产能力达6.5亿粒。**严管控，保护良种。** 建立健全三级种薯质量检测体系，加强基础瓶苗、原原种、原种、一级种生产管理，严格市场准入制度，健全种薯生产经营档案、种薯质量追溯体系，严厉打击无证经营、制售假冒、侵权套牌等违法行为，严防不合格种薯进入市场。

二、抓基地强推广，推动生产过程标准化

　　建基地，稳定规模。按照产业集群、主体集中、技术集成、要素集聚、保障集合"五集"的要求，将标准化基地建设与旱作农业技术推广、高标准农田建设、耕地复耕休耕、撂荒地整治相结合，推广"脱毒良种＋黑膜覆盖＋配方施肥＋机械耕作＋病虫防控"标准化技术，整流域、整山系建立核心示范基地，带动全区标准化种植面积达到60万亩。**强推广，联农带农**。坚持把培育以合作社为主的新型经营主体作为产业发展的重要环节，发挥合作社上联企业、下联农户的组织联动作用，引导合作社与企业、农户每年签订订单协议50万亩以上，推广优良种薯，促进组织化生产，实现小农户与大市场有效对接，形成"分工协作、风险共担、利益共享"的马铃薯产业联合体。**谋管理，提升标准**。严格种薯基地认证管理，按照规模化、专业化、产业化要求，新建和改造组培室、炼苗室、雾培室、智能温室等设施设备，提升马铃薯种薯生产能力和水平。推广应用原种椰糠基质、高架离地栽培、原种一级种高垄地膜覆盖等先进适用技术，促进良种良法配套、农机农艺结合。

三、抓品牌促销售，推动营销渠道多元化

扩仓储，调控市场。 以"仓前仓后配套、线上线下融合"为方向，扶持种薯及加工龙头企业在生产基地周边配套建设大型贮藏库，构建"恒温库＋贮藏库＋窖窖群"的多元化贮藏体系，有效发挥淡吞旺吐、均衡供应、调控市场的作用，稳定销售价格，形成集马铃薯农特产品收购、储藏、加工、

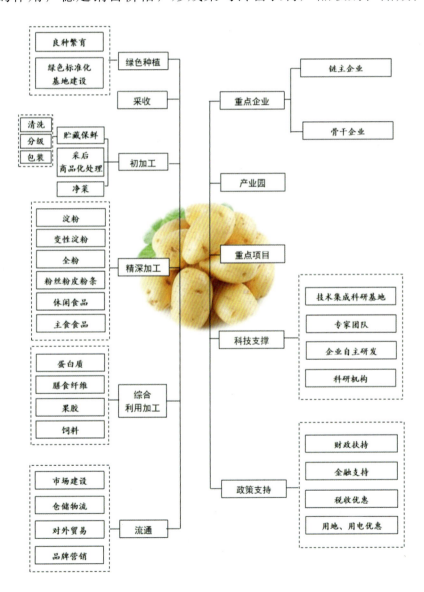

销售于一体的全链条发展模式。**强品牌，提升影响。**制定区域公用品牌管理办法，建设全国马铃薯产业知名品牌创建示范区，"定西马铃薯"被列入中国农业品牌目录，入选2022年农业农村部农业品牌精品培育名单和优质"甘味"农产品区域公用品牌目录。积极引导市场主体培育品牌，注册"新大坪""福景堂""爱兰"等10多个知名商标，命名"甘味"农产品企业商标3家。**抓流通，增加销量。**建设以国家级定西马铃薯专业批发市场为龙头，乡镇集中产区购销市场为骨干，合作社及村级交易市场为网点，产地与终端紧密连接的马铃薯市场流通体系。深入实施"互联网+"销售行动，扶持经营主体开设马铃薯及产品网店，推动线上与线下交易齐头并进，提升定西马铃薯及制品网上销售能力。

青海省黄南藏族自治州河南蒙古族自治县
推行农业生产"三品一标" 壮大生态有机畜牧业

河南蒙古族自治县（以下简称河南县）位于九曲黄河第一弯曲部，青海、甘肃、四川3省结合部，属高原亚寒带湿润气候区，是国家生态文明示范县、国家草原公园建设试点县。全县拥有932万亩可利用的天然有机草场，雪多牦牛、欧拉羊存栏55.54万头（只），均被列入国家畜禽遗传资源保护名录，综合产值达13.4亿元。近年来，全县以建设现代化生态有机畜牧业强县为目标，聚焦地理标志农畜产品高端化、品牌化和特色化，实施地理标志农畜产品保护工程，推进品种培优、品质提升、品牌打造和标准化生产，推动实现产业升级和高质量发展。

一、强化制度引领，创新服务管理

加强组织领导。成立由县长任组长、相关部门具体负责的农业生产"三品一标"工作领导小组，形成一把手负总责、分管领导负主要责任，一级抓一级、层层抓落实的责任体系，确保工作严落实、有成效。**出台扶持政策。**聚焦现代化生态有机畜牧业关键领域，制定出台财政奖补、科技研发、招商引资等方面的扶持政策，形成"政府资金引导、金融资本撬动、企业积极参与、农民获得收益"的良好政策环境。**搭建科技平台。**组建专家咨询委员会，与天津科技大学、青海大学等高等院校合作建成绿色有机畜产品研究院，研发奶、肉、骨、皮、毛绒等生态有机产品330余种，科研成果转化为畜牧业系列产品33种，构建有机产品链，为衍生有机产业链奠定坚实基础。

二、加强种质保护，培育优良品种

培育核心种群。建设欧拉羊养殖和繁育产业园、雪多牦牛繁育养殖产业园，新建雪多牦牛遗传资源保种场1处，组建纯种雪多牦牛保种核心群2群、能繁母畜3群，雪多牦牛种牛核心群规模稳定在2000头以上，能繁母牛规模稳定在1000头以上。**建设扩繁基地。**建成河南县牛羊活畜交易集散中心，建成有机畜产品生产基地5个，良种繁育标准化示范牧场23处，重点开展欧拉羊品种繁育和雪多牦牛提纯复壮工作。**完善管理制度。**制定《河南县地理标志认证产品原产地产品保护规定》《河南县地理标志认证产品原产地标记管理规定》《河南县地理标志产品保护实施细则》等相关制度与规定，实现名称统一、制度统一、注册程序统一、标志统一和标准统一的"五个统一"规范管理。

三、推行全链管理，提升产品品质

推广优良品种。制定河南县雪多牦牛、欧拉羊选育标准与技术规程等4项地方标准，全县雪多牦牛、欧拉羊良种覆盖率达85%，提高良种在生态畜牧业生产中的贡献率。**加强投入品管控**。严格落实《有机产品生产加工、标识与管理体系》（GB/T 19630—2019）等，依法实施农业投入品登记许可，加快生物制剂、中草药兽药等投入品推广使用，严厉打击使用禁限用兽药行为。**加强质量监管**。建设以县级追溯管理平台为核心、以"产销对接"核心企业追溯系统为支撑的质量追溯体系，实现有机畜产品养殖、屠宰、批发、零售、消费全环节质量追溯管理。全面实施食用农产品达标合格证和产地检疫制度，省级农产品质量安全抽检合格率达100%。

四、精心策划宣传，打造知名品牌

推进产品认证。立足资源优势，开展河曲马、雪多牦牛、欧拉羊地理标志产品登记，开展绿色有机、名优特新产品认证，认证绿色食品14个、有机食品5个，草场有机认证实现全覆盖，逐步打响"国家级有机食品生产基地"金字招牌。**丰富产品品牌**。先后完成天赐蒙旗、天河草原、蒙旗瀚地等26项144类商标注册，打造"三江牧场""青清海""阿米雪"等绿色有机产品品牌，打响"天赐蒙旗、全域有机"产业区域品牌。**扩大品牌影响**。在上海、深圳等地举办有机产品推介会30余场，举办"天赐蒙旗、全域有机"区域形象品牌发布会，制作推出专题纪录片《一水万物生》等，促进有机农畜产品从草原走向餐桌。

宁夏回族自治区吴忠市盐池县
全链打造滩羊特色产业　做强百姓致富领头羊

盐池县位于宁夏回族自治区东部，是宁夏唯一的牧区县，草原面积834万亩，占土地面积的82.6%，是滩羊的核心产区和保种区，享有"中国滩羊之乡"的美誉。近年来，盐池县按照高端化、差异化、品牌化的发展定位，持续加大滩羊品种培优、品质提升、品牌打造和标准化生产扶持力度，走产业高效、产品安全、资源节约、环境友好的发展之路，努力把"盐池滩羊"做成百姓"致富羊"、经济发展"领头羊"。

一、强化顶层设计，培育壮大优势产业

坚持"上下一盘棋"。始终把滩羊产业作为全县农业农村发展的"一号产业"来抓，以"政府引导、龙头带动、做大产业"的产业化发展工作思路，构建党委统一领导、产业专班牵头抓总、相关部门协调配合、社会各界广泛参与的组织管理架构。**坚持一张蓝图绘到底。**研究编制《盐池滩羊肉品牌战略规划》《盐池滩羊品牌"十四五"战略规划》，连续14年出台《盐池县滩羊产业发展实施方案》等政策文件，累计投入各类项目资金7亿元，全面保障滩羊产业各项工作有序推进。**坚持全链条扶持培育。**对标准养殖棚圈建设、种公羊培育、基础母羊繁育、优质牧草种植、加工技术改造升级、品牌宣传推介等进行扶持，夯实滩羊产业发展基础，使产业链条得到升级。

二、强化科技创新，持续培优特色品种

推动品种选育。开展选育家系鉴定与核心种群繁育，新增家系3～5个，建立滩羊系谱图2000余份，形成"核心群＋选育群＋扩繁群"联合繁育体系，优质种羊年繁育推广能力达8000只以上，基础母羊存栏稳定在86万只以上。**加强品种扩繁**。采用"院地合作、所县共建"模式，开展"滩羊繁殖性能分子遗传标记测试"等20多项实验研究，完成滩羊生产性能测定1500只、挑选双羔基因滩羊266只、人工授精生产母羊228只，有效推进滩羊品种扩繁增量和提纯复壮。**推广专用饲料**。利用产区内特有饲草资源，依托科研机构，模拟天然草场，研发盐池滩羊专用配方饲料，建成年产4万吨滩羊专用饲料的加工厂，年推广使用滩羊专用饲料等系列产品1万吨。

三、强化标准引领，聚力品质全面提升

加快建设标准体系。强化质量控制和保持特色品质，提炼盐池滩羊产地环境、生产过程、冷链物流、品牌建设等全产业链标准36项，构建国标、行标和地标互为支撑、相互融合的绿色、优质、高效标准体系。**打造标准化生产基地**。依托滩羊优势特色产业集群、草原畜牧业转型升级试点等项目，支

持养殖户改善生产设施、生产环境，严格执行生产标准，建成生态牧场100家，培育"300"模式（滩羊存栏达300只以上）家庭牧场123个，打造自治区级滩羊养殖示范村5个，滩羊养殖示范村累计达91个，规模化养殖比例达73%。**推动全链追溯管理**。依托中国电信数字化技术优势，建立覆盖繁育、养殖、防疫、屠宰、加工、分割、销售等全过程的质量追溯系统，实现"数据采集便捷""操作简单易懂"功能，倒逼全产业链标准化生产、规范化管理。

四、强化宣传管理，擦靓"滩羊之乡"品牌

加强品牌宣传。围绕"打造一个品牌，造福一方百姓"品牌发展思路，赋予"盐池滩羊、难得一尝"品牌文化内涵，出版《中国·盐池滩羊文化大观》，制作盐池滩羊宣传片系列视频50多部，设计"盐池滩羊"卡通玩偶、微信表情包1套，积极展现盐池滩羊地标文化，累计培育"宁鑫""昫盐"等特色品牌55个，健全"区域公用品牌+企业品牌+商品品牌"的"三牌联育"模式。**加强品牌推介**。采取"政府搭台、市场运作、企业参与"方式，组织企业参加"宁夏品质中国行"等系列活动，在北京、上海等一线城市举办专题推介会20余场次，盐池滩羊区域品牌价值达98.25亿元，品牌影响力和核心竞争力逐步向全国高端市场迈进。**加强品牌管理**。完善《盐池滩羊地理标志证明商标使用管理办法》，严格许可管理，"盐池滩羊"地理标志证明商标授权企业98家、经销商50家。开展"盐池滩羊"电商平台维权打假行动，通过"以打促管、以打治乱、以打树形"的方式，保护消费者权益和规范电商平台运营。

五、强化市场营销，拓宽助农增收渠道

健全利益联结机制。建立以"企业+基地+农户"龙头带动型、"协会+

合作社+农户"协会联动型为核心的产业发展联农模式,构建"产加销"产业链利益共享、风险共担的联结机制,组织龙头企业每年与农户签订合同收购滩羊60万只,不断提升联农带农水平。**创新品牌营销模式**。推行"直销店+专卖店+零售店+超市专柜+网络电商"的销售模式,鼓励企业打造品牌消费体验馆、电商直播基地、产地品牌创新工场等,打造沉浸式、体验式、互动式营销场景,已开设销售点226家,入驻各大城市153家连锁超市、262家餐饮企业,滩羊产品畅销全国28个省份。**拓展高端消费市场**。开发滩羊认养微信小程序,与100家标准化生态牧场合作,探索推行"私人订制"高端消费模式,实现"土地"与"餐桌"直接对接。盐池滩羊产品进入盒马鲜生、京东超市等销售平台,品牌知名度和影响力明显提升。

新疆维吾尔自治区巴音郭楞蒙古自治州和静县推进加工辣椒"三品一标" 促进"红色"产业高质量发展

　　和静县地处新疆中部、天山中段南麓、巴音郭楞蒙古自治州西北部，辣椒是当地特色农作物之一，素有新疆"辣椒之乡"的美誉。全县加工辣椒种植面积达17.35万亩，全产业链综合产值达18.84亿元。近年来，和静县坚持质量先行、绿色发展的理念，大力实施加工辣椒品种培优、品质提升、品牌打造和标准化生产行动，创新攻关辣椒优良种质，提升辣椒品质，强化品牌意识，推进以加工辣椒为主的"红色"产业高质量发展。

一、构建多方协同联动机制，强化基础支撑保障

加强组织领导。成立农业生产"三品一标"提升行动推进工作领导小组，县人民政府分管负责同志任组长，抽调相关部门业务骨干组建工作专班，统筹推进农业生产"三品一标"各项重点工作。**创新推动机制**。完善考核制度，将农业生产"三品一标"工作纳入全县推进乡村振兴战略实绩考核，强化奖惩激励、问责问效，充分调动各级领导干部推进农业生产"三品一标"工作的积极性。**强化资金保障**。统筹中央、自治区、州、县各类经费500余万元，投向加工辣椒品种创新、绿色技术推广、品牌打造等农业生产"三品一标"关键领域和重点环节，加快推进辣椒全产业链发展。

二、建立技术协同支撑机制，加快推进品种培优

保护种质资源。积极开展第三次全国农作物种质资源普查与收集行动，挖掘一批辣椒优异种质资源，抢救性收集一批珍稀、濒危、特有资源与焉耆盆地特色地方品种。**引进优良品种**。引进色素型、鲜食型、酱料型、脱水型4种类型150个辣椒品种，通过品种对比试验，筛选出适宜种植的优良品种20个。**推广优质品种**。优选红龙23号、利红园、红龙8488等8个优质高产新品种，以示范基地为引领，加快新品种推广应用，全县辣椒良种覆盖率达95%以上，加工辣椒平均单产505.5千克/亩。

三、建立监管协同提质机制，促进辣椒品质提升

推行绿色生产方式。深入推进化肥、农药等农业投入品减量化，推进农膜科学使用回收，积极开展秸秆综合利用，2022年加工辣椒绿色防控覆盖率达45%，废旧地膜回收率达83%，秸秆综合利用率达93.8%，产地环境

保护水平持续提升。**加强质量安全监管**。推进农产品质量安全网格化管理，构建县、乡（镇）、村三级管理体系，健全农产品质量安全追溯体系、"重点名单"与"黑名单"监控制度，实施食用农产品达标合格证制度，建设乡（镇）农残快速检测室5个、村级服务站9个，农

产品质量安全例行监测合格率稳定在98.7%以上。**强化农业投入品管控**。开展农业投入品质量安全专项整治行动，推行"肥药两制"改革，依法实施农业投入品登记许可，推行肥药实名购买制度，严厉打击使用禁限用农药（剧高毒农药）违法违规行为。

四、建立政企协同创牌机制，扩大辣椒品牌影响

推进品牌建设。创新"区域公用品牌＋认证标识＋企业商标"品牌发展模式，先后注册"森楠""天山椒红"等辣椒商标，产品远销海内外，品牌影响力不断扩大。**强化品牌保护**。加强农产品商标品牌知识产权保护，建立品牌使用失信惩戒机制，将辣椒品牌企业纳入国家农产品质量安全追溯平台，实现产品附加值和农业产业化发展双促进、双提升。**搭建交易平台**。建成农副产品规模批发市场6个，2022年精深加工企业收购辣椒原料4.5万吨，辣椒年交易总额在1.9亿元左右，成为新疆优质加工辣椒生产基地和最大的辣椒销售集散地，农产品质量效益和竞争力持续提高。

五、建立主体协同带动机制，推进全链标准化生产

培育新型经营主体。发展"龙头企业＋家庭农场＋农民合作社（经纪

人)"辣椒产业联合体，加快土地承包经营权流转，提高特色产业规模化种植、产业化经营水平，建立科工贸一体化、产加销一条龙全产业链开发模式，完善多种形式联农带农利益联结机制，促进农民增收致富。**开展标准示范创建**。编制《和静县加工用红辣椒标准体系》，完善品种选择、栽培、投入品管理等技术规程。开展加工辣椒产业标准化生产示范行动，加快辣椒高产栽培集成技术、辣椒新品种试验示范推广等，建设加工辣椒标准化生产基地2个。**提升辐射带动能力**。采取"公司+合作社+农户"、订单农业等模式，开展专业化、全程化生产技术服务，将小农户纳入标准化生产体系，统一品种、统一技术、统一管理，带动标准化生产和产业升级。

新疆生产建设兵团第四师可克达拉市
科技引领标准化生产　玉米制种产量质量实现双提升

第四师·可克达拉市地处天山北麓西段、伊犁河谷，是国家级玉米制种大县，年均玉米制种面积17.2万亩，占全国的6%，产量8.3万吨，占全国的8%。近年来，可克达拉市不断优化制种产业布局，加强基地建设，推行标准化生产，创新农户利益联结机制，有力推动玉米制种产业高质量发展。

一、借势谋篇，加快产业布局优化

加强组织领导。 成立由分管副师长任组长的种业发展领导小组和玉米制种产业发展工作专班，定期召开专题会议，研究制种产业发展问题。制种团场成立玉米制种专项监管领导小组，团场主要领导亲自部署，安排专人负责，支持制种产业发展。**坚持政策先行。** 制定印发《师市玉米制种大县发展规划（2021—2025年）》《师市种业振兴行动实施方案》《制种大县奖励资金管理办法》等政策文件，出台《师市制种大县奖励资金项目实施方案》，不断完善扶持政策。**优化基地布局。** 构建以61～67团为核心，以69～73团、78～79团为辐射的"两区"优势玉米制种布局，覆盖制种基地13个，围绕种子科研、生产、加工、仓储物流等功能，形成产业要素集聚、区域联系紧密的种业发展格局。

二、借力推进，加速基础设施升级

强化农田基础设施建设。大力实施现代种业提升工程，重点落实制种大县奖励政策，统筹高标准农田建设项目，建成高标准农田134万亩，覆盖全部制种田，基本实现条田、林网、渠、路配套。制种玉米高效节水灌溉面积达14.6万亩，占总面积的70%。**提升生产加工装备水平。**配套制种玉米抽雄机6台、收获机148台，制种玉米耕、种、收机械化率达100%。建成70万米²制种晒场、3.6万米²库房、果穗烘干线12条，可满足2万亩种子晾晒需求、6万吨种子仓储需要，种子年烘干能力达14万吨。**推进种业信息化。**建设种业大数据平台，引入地理信息系统，配备小气候、土壤肥力、苗情监测等物联网系统，实现制种生产全程可追溯和可视化信息管理。

三、借梯登高，强力推进科技服务

强化育种创新。加强与西北农林科技大学、石河子大学、新疆农垦科学院等疆内外高校、科研院所合作，年均引进优良品种60个，筛选推广适宜优

良品种15个。**集成创新技术**。大力推广"矮、密、早、膜、匀"栽培模式，运用精量播种、矮化密植、水肥一体化、病虫害绿色防控、机械抽雄等农机农艺集成技术实现节本增效，最高单产达1026千克。**健全质量体系**。严格落实种子质量系列管理制度，种子质量基本达到单粒播种标准，种子籽粒饱满、商品性好，果穗烘干玉米种子发芽率达95%以上。

四、借机共为，加深主体利益联结

　　强化龙头企业带动。推广"龙头企业+专业合作社+职工"利益联结模式，完善"耕、种、管、收"全过程技术服务等措施，构建职工拿"大头"、合作社有"甜头"、企业有"赚头"的企农双赢共同体。**壮大新型经营主体**。领办创办制种专业合作社18家，吸纳社员2300人，稳定制种面积5.26万亩，出台"十项惠民政策"、提供"十统一"服务、实施"现金入股+二次分红"，全体社员总收入达2亿元，人均收入8.7万元。**推动土地有序流转**。支持种业龙头企业流转职工身份地，通过技术人员统一管理，有效激发土地活力，实现规模化、标准化生产，亩产量较上年提高10%。

五、借智兴业，加大制种环境改善

强化监督管理。实行"师、团、连"三级管理，明确职责分工，健全管理体系，建立联席会议制度，协同配合做好执法、检测、检疫、服务、培训等各项工作。畅通投诉举报渠道，常态化开展联合执法检查。**严把生产准入**。落实"双备案"制度（委托制种企业资质材料报师市农业农村局备案、种子生产合同报团场备案），2022年审核种子生产经营主体资质90余份，审核制种生产备案168单、品种（组合）324个、种子生产合同114份，从源头化解风险隐患。**加强检验检测**。聚焦亲本种子、播种期、苗期和收获期4个关键环节，按比例抽检样品2262份，做到团场、品种、地块全覆盖，严防非法制种行为发生。

图书在版编目（CIP）数据

农业生产"三品一标"典型案例／农业农村部发展规划司，农业农村部规划设计研究院编．—北京：中国农业出版社，2023.9
ISBN 978-7-109-31084-1

Ⅰ.①农… Ⅱ.①农… ②农… Ⅲ.①农业生产－研究－中国 Ⅳ.①F325

中国国家版本馆CIP数据核字（2023）第170389号

中国农业出版社出版

地址：北京市朝阳区麦子店街18号楼
邮编：100125
责任编辑：刁乾超 文字编辑：吴沁茹
版式设计：李 文 责任校对：吴丽婷 责任印制：王 宏
印刷：北京通州皇家印刷厂
版次：2023年9月第1版
印次：2023年9月北京第1次印刷
发行：新华书店北京发行所
开本：787mm×1092mm 1/16
印张：9.5
字数：150千字
定价：88.00元